低温調理器の絶品レシピ

川上文代

はじめに

低温調理は、素材本来の風味やうまみをいかす調理法です。

ご家庭でもプロのようにやわらかくジューシーに仕上げることができ、しかも簡単。

料理が得意な方も不得意な方も、おいしいお料理を気軽に作ることができます。

私自身も、料理教室ではもちろん、プライベートでも手放せない調理器具です。

この調理器具のよいところは、温度と時間をセットするだけで

確実な調理ができるところです。

正しく使えば、火を通しすぎたり、焦がしたり、中が生のままだったりすることがなく、

毎回、同じように仕上がり、失敗することがありません。

密閉することで雑菌が入りにくくなり、安全に調理できて、

さらに素材がもつビタミンなどの栄養素の破壊も少なく、

短時間でしっかり味がしみ込むなど、よいことずくめです。

また、低温調理というと「肉」や「魚」のための調理法だと思われがちですが、

野菜、フルーツ、デザートの調理にも活用できます。

低温調理器は、家電量販店やインターネットなどで手軽に購入できるようになり、

大きさもコンパクトに進化してきています。

1台あれば、毎日の食卓がワンランクアップすること間違いなしです。

本書では、今まで培ってきた低温調理器を使いこなすコツや、

試作を繰り返す中で生まれた、特におすすめのレシピをご紹介しています。

ぜひ、ご家庭で手軽でおいしい低温調理を楽しんでいただければ幸いです。

川上文代

絶妙な火の通し具合で
しっとりやわらかいプロ級の仕上がり

低温調理器の絶品レシピ Contents

第1章 低温調理の基礎知識

- 低温調理のメリット …………… 8
- 低温調理の基本の手順 ………… 10
- 加熱温度と食材の関係 ………… 12
- 低温調理の注意点 ……………… 13
- 低温調理に必要な道具 ………… 14
- 低温調理器いろいろ …………… 15
- 実際に作ってみよう！　鶏ハム … 16
- 低温調理の疑問Q&A …………… 19

第2章 肉を低温調理

- ローストビーフ ………………… 22
- ステーキ ………………………… 24
- 牛肉のユッケ風 ………………… 25
- 牛カツサンド …………………… 26
- 豚肉のレモンペッパー風味 …… 28
- チャーシュー …………………… 30
- 塩豚 ……………………………… 32
- 豚肉の味噌焼き ………………… 33
- 豚しゃぶサラダ ………………… 34
- 豚ヒレ肉の昆布〆 ……………… 35
- ポークビーンズ ………………… 36
- 豚スペアリブのバルサミコ煮 … 37
- 豚肉のバジルチーズ巻き ……… 38
- 鶏もも肉のコンフィ …………… 40
- 砂肝のコンフィ ………………… 40
- チキンのポーピエット ………… 42
- よだれ鶏 ………………………… 44
- タンドリー風チキン …………… 45
- チキンのトマト煮 ……………… 46
- チキンのココナツカレー ……… 47
- 明太ささみ ……………………… 48
- 鶏レバーの中華風 ……………… 49
- 鴨胸肉のいちじくソース ……… 50
- サルシッチャ …………………… 52
- ハンバーグ ……………………… 54
- 肉のテリーヌ …………………… 56
- 鶏つくね ………………………… 58
- ラムチョップ …………………… 60

第3章 魚を低温調理

- サーモンのコンフィ …………… 62
- ツナ ……………………………… 64
- シーフードテリーヌ …………… 66
- 鱈のブランダード ……………… 68
- 秋刀魚のコンフィ ……………… 69
- 鯛のクリーム煮 ………………… 70

かれいの煮つけ	71
いわしの梅煮	72
さばの味噌煮	73
白身魚の中華蒸し	74
韓国風まぐろ丼	75
かつおのたたきサラダ	76
いかの塩辛	78
鳴門いか	78
いかのセート風	80
たこのやわらか煮	82
えびしんじょ入り湯豆腐	83
えびのチリソース煮	84
魚介のアヒージョ	86
牡蠣のオイル煮	88
あさりの佃煮	90
ほたてとキャベツのマリネ	91
セビーチェ	92
明太子	94

第4章
野菜・豆・卵を低温調理

ピクルス	96
アレンジレシピ	
ピクルスドレッシング	97
トマトのジュレ	98
バターコーン	99
アンチョビ入りポテトサラダ	100
肉じゃが	102
かぼちゃの煮物	103
かぶとしめじのお吸いもの	104
ブロッコリーのポタージュ	105
発酵ケチャップ	106
フムス	107
黒豆	108
茶碗蒸し	110
厚焼き風卵	112
洋風温泉卵	113
カルボナーラスパゲッティ	114
アレンジレシピ	
ごぼうのカルボナーラソースがけ	114
スクランブルエッグ	116

第5章
デザートを低温調理

レンズ豆のぜんざい	118
いもようかん	120
発酵あんこ	121
カスタードプリン	122
フルーツソース 3種	124
いちじくソース／キウイソース／桃ソース	
ヨーグルト	124
マンディアン	126
チョコレートアイスクリーム	127

この本の使い方

各レシピについているマークは、低温調理器の設定温度と加熱時間を示しています。加熱時間は、指定の分量、厚さで作った場合に安全に加熱できる時間です。温度と時間を守って正しく調理してください。

別の料理にアレンジできるものは、レシピを紹介しています。

- 本書ではスティックタイプの低温調理器を使って低温調理する場合のレシピを掲載しています。
- 使用する食材が指定より厚い場合、火の通りに不安がある場合は、加熱時間を長めに設定してください。また、使用する低温調理器のメーカーが推奨する設定時間や温度も確認してください。
- 本書では、みりんは「煮切りみりん」、酒は「煮切り酒」を使用しています。火にかけるなど、アルコール分を飛ばせるときは、通常の「みりん」と「酒」を使用している場合もあります。
- 醤油とある場合は濃口醤油のことです。小麦粉とある場合は薄力粉を使用しています。
- 材料や作り方に表示している小さじ1は5㎖、大さじ1は15㎖です。
- 「ひとつまみ」は親指、人差し指、中指でつまんだ分量です。
- 野菜は皮をむく、へたや種をとる、根元を切り落とすなどの下ごしらえをすませてからの手順としています。
- 電子レンジは600Wを基本としています。
  機種等によって時間がかわることがあるので様子をみて調整してください。

第1章
低温調理の基礎知識

低温調理のメリット

1 火を使わず放置するだけでできる

低温調理器を使った調理は、温度と時間を設定すれば、途中で火加減を確認する必要がありません。火を使わないので目を離しても安全。料理や家事の効率アップにつながります。

2 肉や魚をしっとりジューシーに調理できる

たんぱく質がかたく変性する手前の温度でじっくり火を通すから、しっとりとやわらかい食感に仕上がります。食材のうまみ成分や栄養素の流出を抑えられるのもポイントです。

3 ベストな温度をキープして加熱できる

低温調理器は湯を対流させながら、一定の温度で食材全体を加熱します。正しい手順で使用すれば、温度が上がりすぎたり下がりすぎたりする心配がなく、加熱ムラも起こりません。

第1章／低温調理の基礎知識

低温調理のメリットは「食材をやわらかく仕上げられる」以外にもたくさんあります。
料理の手間を減らしつつ、ワンランクアップの仕上がりを実現できます。

肉だけでなく野菜の
おかずやデザートも作れる

低温調理といえば肉や魚のイメージがありますが、ピクルス、肉じゃが、かぼちゃの煮物ような野菜のおかず、ぜんざいやフルーツソースなどのデザートづくりにも活用できます。

複数のおかずを一度に
まとめて作れる

ひとつの鍋で、同時に複数のおかずを調理できるのもよいところ。加熱温度が同じレシピなら一度にまとめて作れるから、料理がはかどります。袋のまま保存するので、冷凍や再加熱も簡単です。

少ない調味料でも
味がつきやすい

空気を抜いた袋の中で調理することで、調味料が少量でも食材全体にいきわたりやすくなります。煮つけの煮汁やコンフィの油も通常より少量ですみ、味も均一にしみ込みます。

低温調理の基本の手順

低温調理器を使って調理するときの基本の流れは4ステップ。
下ごしらえや仕上げの内容は料理によって変わります。

STEP 1 下ごしらえ

STEP 2 袋詰め

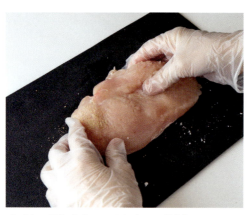

食材に下味をつけたり、煮汁やソースを混ぜ合わせたりします

耐熱袋に低温調理する材料を入れ、空気を抜いて密閉します

成形したり型に詰めたりする

ベースとなるソースを作る

Point!
しっかり空気を抜くのがポイント

袋に空気が入ると、湯から浮いたり、均一に火が通らなかったりする原因に。真空パック機を使ったり、袋を折りながら空気を押し出したり、袋を水に沈めて水圧で空気を抜いたりして、なるべく真空になるようにします。

 しっかり空気を抜いてから密閉することで、雑菌が入りにくくなり、安全に調理できます。また、ジッパーつきの袋を使う場合、閉じもれがあると途中で水が中に入ってしまうので注意しましょう。

第1章 / 低温調理の基礎知識

Point!
加熱後すぐに冷やすものも

低温調理後にすぐ食べるもの、仕上げに加熱するもの以外は、菌の繁殖を防ぐため、氷水などに浸けて冷まします。

STEP 3 低温調理 ＞ STEP 4 仕上げ ＞ 完成

低温調理器を指定の温度に設定し、耐熱袋を湯に沈めて湯煎で加熱します

必要に応じて表面を焼いたり、ソースを作って添えたりします

Point!
容器ごと湯煎する場合も

袋は水から出ないよう完全に水に沈めるのがポイント。茶碗蒸し（P110）やカスタードプリン（P122）のように、袋詰めせず容器のまま湯煎するものもあります。ゆで卵や温泉卵も、そのまま湯に沈めて加熱すればできあがります。

器ごと湯煎するときは、中に水が入らないよう、台になるものを入れて高さの調整が必要です。

フライパンやグリルで焼き色をつけて香ばしく

低温調理した食材をほかの食材と和える

11

加熱温度と食材の関係

「低温」といっても設定温度はいろいろ。
加熱温度によって変化する食材の成分が異なり、食感も変化します。

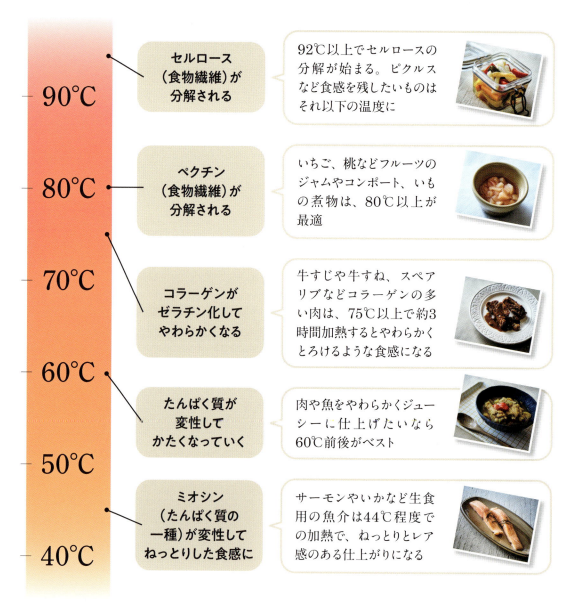

- **90℃** — セルロース（食物繊維）が分解される：92℃以上でセルロースの分解が始まる。ピクルスなど食感を残したいものはそれ以下の温度に
- **80℃** — ペクチン（食物繊維）が分解される：いちご、桃などフルーツのジャムやコンポート、いもの煮物は、80℃以上が最適
- **70℃** — コラーゲンがゼラチン化してやわらかくなる：牛すじや牛すね、スペアリブなどコラーゲンの多い肉は、75℃以上で約3時間加熱するとやわらかくとろけるような食感になる
- **60℃** — たんぱく質が変性してかたくなっていく：肉や魚をやわらかくジューシーに仕上げたいなら60℃前後がベスト
- **40℃** — ミオシン（たんぱく質の一種）が変性してねっとりした食感に：サーモンやいかなど生食用の魚介は44℃程度での加熱で、ねっとりとレア感のある仕上がりになる

加熱用肉の"殺菌"には中心温度63℃で30分以上の加熱が必要

加熱用の肉について、厚生労働省のガイドラインでは中心部が63℃で30分以上または同等以上の加熱殺菌が必要としています。中心部が湯と同じ温度に達するまでに時間がかかること、厚みがあればその分時間が長くなるので注意しましょう。

第1章 ／ 低温調理の基礎知識

低温調理の注意点

1 清潔な調理道具と手で調理する

雑菌の付着を防ぐために、食材に触れる包丁、まな板、バットなどの調理器具やふきんは清潔なものを使ってください。手は調理前はもちろん、調理中もこまめに洗いましょう。

2 食材は新鮮なものを使う

食材の鮮度が悪いと食中毒の危険が。できるだけ新鮮なものを用意しましょう。肉や魚は長時間常温で放置せず、冷蔵庫から出したらすぐに調理してください。

3 加熱温度と時間を守る

安全に調理できる加熱時間と温度を設定しているので、時間を短くしたり、温度を下げたりすると高リスクです。また、食材が指定より厚い場合、加熱時間を長くする必要があります。

4 すぐに食べないときは急冷する

調理後、温かい状態で放置すると袋の中で菌が繁殖するリスクが高まります。すぐに食べない場合は、袋ごと氷水などで温度を下げ、冷蔵または冷凍で保存してください。

5 正しい手順で低温調理する

袋の中の食材が重なって厚みが出てしまったり、袋が浮いて全体が湯に浸かっていなかったりすると、火の通りが悪くなります。正しい方法で調理しましょう。

check
- ☑ 袋の中身が重ならないようにする
- ☑ 袋の空気をしっかり抜く
- ☑ 袋が完全に湯に浸かるようにする
- ☑ 耐熱性のある袋を使う

低温調理に必要な道具

低温調理をするときにそろえておきたい必須の道具です。
これさえあれば、すぐに低温調理を始められます。

低温調理器

鍋やコンテナに張った水に差し込んで使用します。（低温調理器のタイプについてはP15参照）。ヒーターが水を温めて、設定温度に達したらそのまま温度をキープしてくれます。

深い鍋・コンテナ

湯煎に使う鍋は深めのものが必須。低温調理器によって必要な深さが違うので、使用機種の最低水深を確認して選びましょう。低温調理専用のコンテナも販売されています。

耐熱袋

食材を入れる袋は必ず耐熱性のものを用意しましょう。真空パック機を使って空気を抜く場合は専用の袋が必要。真空パック機を使わない場合は密閉できるジッパーつきの袋を用意しましょう。

鍋敷き

「低温」調理とはいえ、湯の温度はかなり高温です。鍋やコンテナも熱くなるため、調理台の焦げつきを防ぐために、鍋敷きを敷くようにしましょう。

トング

食材を入れた袋を取り出す際、トングがあると便利です。設定温度が60℃以上の場合、手で直接触れると火傷してしまうので、必ずトングを使う必要があります。

第1章 ／ 低温調理の基礎知識

低温調理器いろいろ

家庭用低温調理器の主流はスティックタイプですが、
ほかにもいろいろなタイプの低温調理器が販売されています。

＼この本で使用しているのはコレ／ スティックタイプ

一番ベーシックな低温調理器

もっとも種類が多く、普及しているのがスティックタイプ。コンパクトなので扱いやすく、収納しやすいのがメリットです。メーカーによって設定できる温度や必要な水深が異なります。

BONIQ 2.0（BONIQ）　HS-SVPRO1（Hismile）　Enfinigy（ツヴィリング）

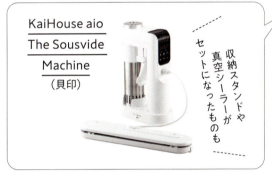

KaiHouse aio
The Sousvide
Machine
（貝印）

収納スタンドや真空シーラーがセットになったものも

＼水を使わずに調理／ 電気加熱タイプ

＼袋と水を釜に入れる／ 鍋型タイプ

袋を入れてスイッチを押すだけ

水を使わずに調理するタイプの低温調理器。鍋や水を使わない分、準備や後片づけの手間が少なくなります。芯温を測定しながら調理できるもの、袋型のものなどがあります。

Slow Meister
（アピックス）

炊飯器のような感覚で使える

電気鍋タイプの低温調理器は、袋と水をセットしてすぐに加熱できるので、湯が設定温度に達するまで待たずに調理を開始できます。

芯温スマート
クッカー TLC70A
（テスコム）

ポケットシェフ
（アイリスオーヤマ）

※2024年10月現在の情報です。販売が終了している場合もありますのでご注意ください。

鶏ハム

63℃ / 1時間10分

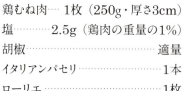

材料（作りやすい分量）

鶏むね肉……1枚（250g・厚さ3cm）
塩…………2.5g（鶏肉の重量の1%）
胡椒………………………………適量
イタリアンパセリ………………1本
ローリエ…………………………1枚

鶏肉に下味をつける

1　フォークや金串で鶏肉全体をまんべんなく刺す。

2　塩、胡椒をふって、弾力がなくなるまで手でしっかりもみ込む。

耐熱袋に入れる

3　2、イタリアンパセリ、ローリエを耐熱袋に入れ、空気を抜いて密閉する。

真空パック機を使う場合、シーラー部分が汚れないよう、袋の口を折り返して入れる。

Point!

食材を袋に入れるときは重ならないように注意！

複数枚の肉や魚を入れるときは、厚みで加熱時間が変わるため、重ならないように袋に入れます。全体を調味液で和える場合や、具が多い場合は、なるべく平らな状態にして空気を抜いてください。

第1章／低温調理の基礎知識

低温調理

4 コンテナや深めの鍋に低温調理器をセッティングし、設定温度を63℃にする。

5 設定温度に達したら、袋をそっと湯に沈める。

6 袋全体が湯に浸かった状態で、1時間10分湯煎する。

Point!

低温調理器の使い方

鍋やコンテナに
低温調理器を固定する
▼
低温調理器に表示されている
ラインまで水を張る
▼
温度を設定する
▼
設定温度に達したことを知らせる
アラームが鳴ったら、
食材を入れた袋を湯に入れる

冷水で冷ます

7 トングを使って袋を湯から取り出す。

8 氷水を入れたボウルなどに移し、急冷して粗熱をとる。

切り分ける

9 | 袋から鶏肉を取り出し、キッチンペーパーなどで水けを拭き取る。イタリアンパセリとローリエを取り除く。

10 | 5mm幅のそぎ切りにして、器に盛る。

完成

そのままはもちろん、野菜と一緒に盛ってサラダにしたり、サンドイッチの具にしたり、いろいろアレンジできます。

複数の料理をまとめて作ることもできる！

低温調理をするとき、同じ温度で加熱する料理なら、同じ鍋に複数の袋を入れて同時調理することができます。数種類のおかずをまとめて作れるので便利です。ただし、一度にいくつかの袋を入れると、袋同士がくっついて湯が対流しないため、すきまをあけて入れるようにします。

第 1 章 ／ 低温調理の基礎知識

こんなときどうする？
低温調理の疑問 Q&A

Q. 調味料はいつもと同じものを使っていい？

A. みりんや酒類は**煮切って**から使いましょう

低温調理器を使った加熱では、煮汁を煮立たせないため、みりんや酒、ワインなどのアルコール分が飛びません。あらかじめ煮立ててアルコール分を飛ばしてから使いましょう。

Q. 袋を真空にするのはどうして？

A. 火の通りを**均一**にするためです

空気が入ると袋が浮いて、湯の熱が均一に伝わらず加熱ムラが起こる原因に。また、真空状態にすることで雑菌が繁殖しにくい、調味料が効率よくしみ込むといったメリットもあります。

Q. 生っぽい食感が好みなので加熱時間を短くしてもいい？

A. 肉や魚は**食中毒の危険**が！

厚生労働省の指針では、「加熱用の肉は中心温度63℃で30分、もしくは同等の加熱」となっています。加熱時間を短くすると、中心部まで安全な加熱ができなくなり、食中毒を招く危険があります。記載の温度と時間は必ず守ってください。

Q. 肉から出た汁は捨てたほうがいい？

A. **うまみ**があるので**活用**がおすすめ

肉を低温調理したときに出てくる汁（ドリップ）はうまみ成分です。加熱してソースにするなどして活用するのがおすすめです。

19

Q. 調理中に湯気が
でるのが気になるときは？

A. 鍋に蓋をしましょう

加熱中の湯気が気になるときは、アルミホイルなどをかぶせて蓋をしましょう。蓋をすると保温性も高まります。低温調理専用の鍋やコンテナには、蓋が付属しているものもあります。

 Q. 低温調理器で作った
おかずは保存できる？

A. 袋のまま冷蔵・冷凍できます

低温調理したおかずを保存したいときは、基本的には袋のまま保存します。加熱後すぐに急冷して冷蔵、または冷凍で保存しましょう。冷蔵で3日、冷凍で2週間が保存期間の目安です。

 Q. 保存したものを再加熱
するときはどうすればいい？

A. 湯煎で温めましょう

冷たいまま食べるもの、加熱して仕上げるもの以外は、湯煎で温めるのがベスト。63℃で低温調理したレシピなら、少し下の60℃程度の温度で再加熱しましょう。火にかけたり電子レンジで温めたりすると、低温調理ならではの仕上がりが損なわれることがあります。

Q. 低温調理器の
手入れは難しい？

A. 使用後は水けを拭くだけでOKです

使用後は、基本的には水けを拭き取るだけで大丈夫です。定期的に、内部の汚れや水垢を落とすなどの手入れが必要なので、製品の使用ガイドを確認してください。

第2章

肉を
低温調理

第2章／肉を低温調理

ローストビーフ

低温でじっくり火を通したローストビーフは
しっとりジューシー。ハレの日の食卓にぴったりです。

60℃　1時間

材料（作りやすい分量）

牛肉（ローストビーフ用）
　　　　　　　　　　300g（厚さ3cm）
塩　　　　　　　　　　　　　　　3g
胡椒　　　　　　　　　　　　　適量
A
　タイム　　　　　　　　　　　1本
　にんにく（潰す）　　　　　　1かけ
　玉ねぎ（薄切り）　　　　　　30g
　ブイヨン　　　　　　　　　100ml
バター　　　　　　　　　　　　5g
赤ワイン　　　　　　　　　　30ml
ホースラディッシュ（すりおろし）……適量

作り方

1　下ごしらえ

金串などで牛肉全体をまんべんなく刺し、塩、胡椒を
ふって弾力がなくなるまで手でしっかりもみ込む。

2　低温調理

1とAを耐熱袋に入れ、空気を抜いて密閉する。
60℃の湯に沈め1時間湯煎する。

3　表面を焼く

袋から牛肉を取り出し、水分を拭き取る（袋の汁は残
しておく）。フライパンにバターを熱し、茶色くなったら
牛肉の両面をサッと焼いて取り出す。

4　ソースを作る

3のフライパンに、袋に残った汁と赤ワインを入れ、
1/3量まで煮詰めて目の細かいザルでこす。

5　盛りつける

牛肉を薄切りにして器に盛り、ホースラディッシュ、4
のソースを添える。

ステーキ

設定温度を変えるだけで簡単に
好みの火の通り具合に仕上がります。

60℃　45分

※ミディアムレアの場合
※レアの場合は55℃で45分、
　ミディアムの場合は66℃で45分

材料（3人分）

牛肉ステーキ用
……… 450g（厚さ2cmのもの3枚）
塩 …………………………… 4.5g
胡椒 ………………………… 適量
ローズマリー ……………… 3本
バター ……………………… 10g
粒マスタード、バターコーン、
ブロッコリーの塩ゆで ……… 各適量

作り方

1　下味をつける

金串などで牛肉全体をまんべんなく刺し、塩、胡椒をふって弾力がなくなるまで手でしっかりもみ込む。

2　低温調理

1とローズマリーを、肉が重ならないように耐熱袋に入れ、空気を抜いて密閉する。60℃の湯に沈め45分湯煎する。

3　表面を焼く

袋から牛肉を取り出し、水分を拭き取る。フライパンにバターを熱し、茶色くなったら牛肉の両面をサッと焼いて取り出す。

4　盛りつける

食べやすい大きさに切って器に盛り、バターコーン、ブロッコリーの塩ゆで、粒マスタードを添える。

第 2 章 / 肉を低温調理

牛肉のユッケ風

コチュジャン入りの甘辛いたれに漬け込んで調理します。
袋に入れた後、均一に平らにするのがポイントです。

材料（2人分）

ステーキ用牛肉	200g
A	
ごま油	大さじ1
コチュジャン	小さじ2
醤油	小さじ2
はちみつ	小さじ2
しょうが（すりおろし）	小さじ1
にんにく（すりおろし）	小さじ1/2
塩、胡椒	各少々
卵黄	2個
松の実（炒ったもの）、糸唐辛子	各適量

作り方

1　下味をつける

牛肉は3cm長さの細切りにし、Aと混ぜ合わせる。

2　低温調理

1を耐熱袋に入れて5mm厚さに平たくし、空気を抜いて密閉する。55℃の湯に沈め30分湯煎する。

3　盛りつける

器に盛って卵黄をのせ、松の実、糸唐辛子をトッピングする。

牛カツサンド

低温調理してから揚げるから、断面はきれいなロゼ色、衣はサクサクの牛カツが簡単にできます。

材料（2人分）

牛肉（ステーキ用）	250g（厚さ1.5cmのもの2枚）
塩	2.5g
胡椒	適量
A 小麦粉	30g
卵	1個
パン粉	1カップ
食パン（10枚切り）	4枚
とんかつソース	大さじ2
粒マスタード	小さじ2
キャベツ（せん切り）	1カップ

作り方

1 下味をつける

牛肉全体を金串などでまんべんなく刺す。塩、胡椒をふって弾力がなくなるまで手でしっかりもみ込む。

2 低温調理

1を肉が重ならないように耐熱袋に入れ、空気を抜いて密閉する。55℃の湯に沈め40分湯煎する。

3 揚げる

袋から牛肉を取り出し、水けを拭き取る。混ぜ合わせたAを絡めてパン粉をまぶす。鍋に200℃の油（適量・分量外）を熱し、衣がきつね色になるまでサッと揚げる。

4 サンドする

食パンにとんかつソースと粒マスタードを塗って3とキャベツを挟む。食べやすくカットして、器に盛る。

牛肉にはすでに火が通っているので、衣がこんがりと均一に色づけばOK。短時間で揚げ上がります。

第 2 章 ／ 肉を低温調理

豚肉の
レモンペッパー風味

低温で火を通した豚バラ肉はとろけるような食感に。
さっぱりとしたレモン風味のソースがよく合います。

材料（作りやすい分量）

豚バラ肉	300g（厚さ3cm）
レモン	1個
タイム	3本
塩	3g
粗挽き黒胡椒	小さじ1/2
クレソン	適量

作り方

1 下味をつける

レモンは皮をむく。1/4個分の皮をみじん切りにし、実は飾り用に2枚輪切りにする。残りは果汁をしぼる。タイムの葉をしごいてみじん切りにする。豚肉は金串などで全体をまんべんなく刺し、塩、胡椒、みじん切りにしたレモンの皮、タイムの葉を手でもみ込む。

2 低温調理

1を耐熱袋に入れ、空気を抜いて密閉する。63℃の湯に沈め1時間20分湯煎する。

3 表面を焼く

袋から出して水けを拭き取る（袋の汁は残しておく）。熱したフライパンで表面をこんがり焼いて取り出す。

4 ソースを作る

3のフライパンに袋に残った汁と1のレモン汁を入れて加熱し、沸いたら目の細かいザルでこす。

5 盛りつける

豚肉を3mm幅に切って器に盛り、クレソン、レモンの輪切りを添え、4のソースをかける。

ソースは袋に残った肉汁を活用して作ります。レモン味でさっぱりしつつ、豚肉のうまみもたっぷりです。

第2章／肉を低温調理

チャーシュー

調味料に漬け込んで低温調理するので、味がよくしみ込みます。
最後に表面を焼いて風味をプラスします。

63℃ / 1時間20分

材料（作りやすい分量）

豚肩ロース肉……………300g（厚さ3cm）
A
　ねぎの青い部分…………………1本分
　しょうが（薄切り）………………3枚
　醤油………………………………大さじ2
　煮切り酒…………………………大さじ2
　煮切りみりん……………………大さじ2
　ごま油……………………………小さじ1
白髪ねぎ、チンゲン菜の塩ゆで……各適量

作り方

1　下味をつける

金串などで豚肉全体をまんべんなく刺す。

2　低温調理

1に混ぜ合わせたAをなじませて耐熱袋に入れ、空気を抜いて密閉する。63℃の湯に沈め1時間20分湯煎する。

3　表面を焼く

袋から豚肉を取り出し、水けを拭き取る。魚焼きグリルやトースターで強火で焼き色をつける。

4　盛りつける

厚さ3mm程度の薄切りにして器に盛り、白髪ねぎとチンゲン菜を添える。

表面は香ばしく、中はしっとりとしたチャーシューはプロの味。煮汁を目の細かいざるでこし、たれとして添えても。

塩豚

たれをもみ込んだ塩豚は、野菜と一緒に食べるのがおすすめ。キャベツやレタスなど好みの野菜とどうぞ。

63℃ / 50分

材料（2人分）

豚肩ロース肉　　　　　　　　　　250g
A
　昆布　　　　　　　　　　　　3cm角
　しょうが（薄切り）　　　　　　　3枚
　長ねぎの青い部分　　　　　　　1本分
　煮切り酒　　　　　　　　　　大さじ1
　ごま油　　　　　　　　　　　小さじ1
　塩　　　　　　　　　　　　　2.5g
　胡椒　　　　　　　　　　　　　適量
水菜（ざく切り）、針しょうが　　各適量

作り方

1　下味をつける

豚肉は3cm四方、5mm厚さになるよう切り、Aをもみ込む。

2　低温調理

1を豚肉が重ならないよう耐熱袋に入れ、空気を抜いて密閉する。63℃の湯に沈め50分湯煎する。

3　盛りつける

水菜とともに器に盛り、針しょうがをのせる。

豚肉の味噌焼き

仕上げにグリルすることで香ばしい風味がつきます。
低温調理後の状態で作りおき、食べるときに焼いても◎

材料（2人分）

豚肩ロース肉
　　　　　250g（厚さ2cm）
A
　味噌　　　　　　大さじ2
　煮切り酒　　　　大さじ1
　煮切りみりん　　大さじ1
しいたけ　　　　　　　2枚
しし唐辛子　　　　　　4本

作り方

1　下味をつける

金串などで豚肉全体をまんべんなく刺し、混ぜ合わせたAをまぶす。

2　低温調理

1を耐熱袋に入れ、空気を抜いて密閉する。63℃の湯に沈め1時間湯煎する。

3　表面を焼く

袋から豚肉を取り出し、残った汁をしいたけとしし唐辛子に絡める。魚焼きグリルまたはフライパンで、豚肉、しいたけ、しし唐辛子を表面にこんがりと焼き色がつくまで焼く。

4　盛りつける

豚肉を食べやすい大きさに切り、しいたけ、しし唐辛子とともに器に盛る。

豚しゃぶサラダ

豚肉をなるべく重ならないように袋に並べ入れることで、
火が通りやすく、仕上がりも美しくなります。

材料（2人分）

豚肉（しゃぶしゃぶ用）……………… 200g
A
　長ねぎ（みじん切り）……………… 大さじ1
　しょうが（みじん切り）…………… 小さじ1
　煮切り酒…………………………… 大さじ1
　塩……………………………………… 1g
　胡椒………………………………… 適量
B
　醤油………………………………… 大さじ1
　酢…………………………………… 大さじ1
　すりごま…………………………… 小さじ1/2
　ごま油……………………………… 小さじ1/2
好みの野菜※……………………………… 適量

作り方

1　下味をつける

豚肉にAをもみ込み、ラップに1枚ずつ広げて包む。

2　低温調理

1をなるべく重ならないように耐熱袋に入れ、空気を抜いて密閉する。63℃の湯に沈め50分湯煎する。

3　盛りつける

好みの野菜とともに器に盛り、混ぜ合わせたBを添える。

※今回は、サラダ菜、水菜、紫キャベツ、ラディッシュを使用

第 2 章／肉を低温調理

豚ヒレ肉の昆布〆

脂質が少なくヘルシーなヒレ肉は、昆布で〆ることでうまみをプラス。昆布は刻んで添えて肉と一緒に食べられます。

 63℃　 1時間40分

材料（2人分）

豚ヒレ肉 …… 1本（300g・厚さ4cm）
塩 …………………………… 3g
昆布 ……………… 10cm角2枚
煮切り酒 ………………… 大さじ1
煮切りみりん ……… 大さじ1
醤油 ………………………… 小さじ1
豆苗 ………………………… 適量

作り方

1 下味をつける

昆布は軽く水で戻す。金串などで豚肉全体をまんべんなく刺し、塩をふって手でよくもみ込む。

2 昆布で巻く

豚肉を2枚の昆布で包み込むように巻く。

3 低温調理

2を酒、みりんとともに耐熱袋に入れ、空気を抜いて密閉する。63℃の湯に沈め1時間40分湯煎する。

4 たれを作る

豚肉と昆布を袋から取り出す。汁を小鍋に移し、醤油を加えて沸かした後、こす。

5 盛りつけ

豚肉は5mm幅に切り、昆布は細切りにする。豆苗とともに器に盛り、4のたれをかける。

ポークビーンズ

豚肉のうまみが豆と野菜にしみ込んだやさしい味わいの洋風煮物。タイムを加えることでぐっと風味が豊かになります。

63℃ 50分

材料（2人分）

豚肩ロース肉	150g
玉ねぎ	50g
にんにく（みじん切り）	小さじ1/2
ミックスビーンズ（水煮）	80g
トマト水煮缶（カット）	200g
ブイヨン	150mℓ
タイム	1本
A	
パプリカパウダー	大さじ1
塩	2g
胡椒	適量
オリーブオイル	小さじ2
タイム（飾り用）	適量

作り方

1 下味をつける

豚肉と玉ねぎを1cm角に切り、豚肉にAをまぶす。

2 野菜を煮る

フライパンにオリーブオイルを熱し、玉ねぎとにんにくを炒める。香りが立ったらミックスビーンズ、トマトの水煮、ブイヨン、タイムを加え、水分がなくなるまで中火で10分ほど煮詰める。

3 低温調理

1の豚と2を混ぜ、耐熱袋に入れて1cm厚さに平たくし、空気を抜いて密閉する。63℃の湯に沈め50分湯煎する。

4 盛りつける

器に盛り、飾り用のタイムを添える。

豚スペアリブの
バルサミコ煮

スペアリブは77℃でじっくり煮込むことで
コラーゲンがゼラチン化してやわらかくほろほろの食感に。

77℃ / 3〜4時間

材料（2人分）

豚スペアリブ	600g
塩	5g
胡椒	適量
玉ねぎ（薄切り）	1/2個
赤ワイン	30mℓ
バルサミコ酢	30mℓ
デミグラスソース	150g
むき栗	8個
プルーン	4個
オリーブオイル	小さじ2

作り方

1 下味をつける

豚スペアリブに塩、胡椒をまぶす。

2 表面を焼く

フライパンにオリーブオイルを熱し、スペアリブを入れて表面を焼く。こんがりと焼き色がついたら取り出す。

3 ソースを作る

2のフライパンに玉ねぎを入れて炒め、赤ワイン、バルサミコ酢を加えてアルコール分を飛ばす。デミグラスソースを加えて混ぜ合わせる。

4 低温調理

2、3、むき栗、プルーンを耐熱袋に入れ、空気を抜いて密閉する。77℃の湯に沈め3〜4時間湯煎する。

豚肉のバジルチーズ巻き

薄切り肉を重ねて並べチーズを巻きます。
簡単なのに見た目が華やかなので、おもてなし料理にもぴったり。

 63℃ 1時間20分

第 2 章／肉を低温調理

材料（2人分）

豚肉（しゃぶしゃぶ用）	200g
塩	2g
胡椒	適量
スライスチーズ	4枚
バジル	4枚
トマトソース（またはケチャップ）、	
バジル（飾り用）	各適量

作り方

1 巻く

ラップに豚肉を少し重ねながら、横幅が約20cmになるように並べる。塩、胡椒をふり、チーズとバジルをのせて手前から巻く。巻き終えたらラップの両端をもって転がし、直径3cmにしてしっかり両端をねじってしばる。

2 低温調理

1をラップに包んだまま耐熱袋に入れ、空気を抜いて密閉する。63℃の湯に沈め1時間20分湯煎する。

3 盛りつける

ラップを外し、巻き終わりを下にして1cm幅に切る。器に盛り、トマトソースと飾り用のバジルを添える。

空気が入らないようにスケッパーを使いながら、ぴっちり巻くのがポイント。バジルではなく大葉を入れて和風にアレンジしても◎

第2章／肉を低温調理

鶏もも肉のコンフィ

低温の油でじっくり煮て作るコンフィも、低温調理なら簡単。袋に入れて調理するから、少ない油でできます。

材料（2人分）

骨つき鶏もも肉	2本（600g）
塩	6g
胡椒	適量
タイム	2本
にんにく	1かけ
ラード	30g
クレソン、好みの蒸し野菜※1	各適量
好みの調味料※2	適宜

※1　今回はヤングコーンとにんじんを使用
※2　今回は塩、胡椒、粒マスタードを使用

作り方

1　下味をつける

鶏肉全体を金串などでまんべんなく刺し、塩、胡椒をまぶす。

2　低温調理

1と叩き潰したにんにく、タイム、ラードを耐熱袋に入れ、空気を抜いて密閉する。77℃の湯に沈め3時間湯煎する。

3　表面を焼く

袋から鶏肉を取り出し水けを拭き取る。フライパンに油もしくはラード（ともに分量外）を多めに熱し、鶏肉を皮目を下にして入れ、こんがりと焼き目がつくまで焼く（水分が跳ねやすいので、軽く蓋をするとよい）。

4　盛りつける

器に盛り、クレソン、好みの蒸し野菜、好みの調味料を添える。

砂肝のコンフィ

銀皮は取り除かずそのままでもやわらかく仕上がります。おつまみにぴったりの一品です。

※銀皮なしで作る場合は66℃で40分

材料（2人分）

砂肝	250g
A	
にんにく	1かけ
タイム	1本
ローリエ	1枚
塩	3g
胡椒	適量
オリーブオイル	大さじ3
タイム（飾り用）	適量

作り方

1　下処理する

砂肝は銀皮をとらずに、つなぎ目を切って半分にする。

2　低温調理

1とAを耐熱袋に入れ、空気を抜いて密閉する。77℃の湯に沈め4時間湯煎する。

3　盛りつける

器に盛り、タイムを添える。

チキンのポーピエット

鶏むね肉の中にレモンの皮やハーブを巻き込んで成形します。
メイン料理にはもちろん、前菜やサラダにもおすすめです。

63℃ / 1時間20分

材料（2人分）

鶏むね肉（皮なし）……… 1枚（300g）
A
　レモンの皮（みじん切り）…… 1/3個分
　好みのハーブ※
　（みじん切り）………………… 大さじ2
　塩 ………………………………… 小さじ1/2
　胡椒 ……………………………… 適量
B
　マヨネーズ ……………………… 大さじ1
　レモン汁 ………………………… 小さじ1
　オリーブオイル ………………… 小さじ1
ラディッシュ ……………………… 適量

※今回はバジルとパセリを使用

作り方

1　鶏肉を叩きのばす

鶏肉は厚みのある部分に包丁を入れて開く。ラップで挟み、厚さが均一になるよう肉叩きなどで叩きのばす。

2　巻く

鶏肉をラップの上にのせ、混ぜ合わせたAを均一に散らす。手前から空気が入らないように巻き、巻き終えたら両端のラップをしっかりとねじってしばり、全体が直径3cmになるよう形を整える。

3　低温調理

2を耐熱袋に入れ、空気を抜いて密閉する。63℃の湯に沈め1時間20分湯煎する。

4　盛りつける

袋から鶏肉を取り出し、8mm幅の斜め輪切りにする。器に盛ってラディッシュとよく混ぜ合わせたBを添える。

しっかりときつめに巻くのがポイント。切るときは上からラップをかぶせて、そのまま包丁を入れるときれいに切れます。

第 2 章 ／ 肉を低温調理

よだれ鶏

しっとりとやわらかく火を通した鶏肉に、
辛みのある香味だれがよく合います。

63℃ / 1時間20分

材料（2人分）

鶏むね肉	1枚（300g・厚さ3cm）

A
煮切り酒	大さじ1
砂糖	小さじ1/2
塩	2g

長ねぎの青い部分	1本分
しょうがの皮	適量

B
ねぎ（みじん切り）	大さじ2
しょうが（みじん切り）	小さじ1
醤油	大さじ1
酢	小さじ2
砂糖	小さじ1
ラー油	小さじ1/4

きゅうり（細切り）	適量

作り方

1　下味をつける

金串などで鶏肉全体をまんべんなく刺し、Aをもみ込む。

2　低温調理

1を長ねぎの青い部分、しょうがの皮とともに耐熱袋に入れ、空気を抜いて密閉する。63℃の湯に沈め1時間20分湯煎する。

3　たれを作る

Bの材料に、2の煮汁をこして適量加え、混ぜ合わせる。

4　盛りつける

袋から鶏肉を取り出し、3mm幅に切る。きゅうりとともに器に盛り、たれをかける。

第 2 章／肉を低温調理

タンドリー風チキン

調味料をまぶしたあと、冷蔵庫で1時間以上おくとしっとりやわらかくなります。カレーの風味が食欲をそそる一皿です。

63℃ / 1時間20分

材料（2人分）

鶏もも肉 ……… 1枚（300g・厚さ3cm）
A
　プレーンヨーグルト ………… 100g
　しょうが（すりおろし）……… 小さじ1
　にんにく（すりおろし）…… 小さじ1/2
　ケチャップ ………………… 大さじ1
　カレー粉 …………………… 大さじ1
　パプリカ …………………… 小さじ1
　塩 …………………………… 3g
サラダ油 ……………………… 小さじ1
いんげんの塩ゆで ……………… 適量

作り方

1 下味をつける

鶏肉は4cm角に切りAをまぶす。

2 低温調理

1を耐熱袋に入れ、空気を抜いて密閉する。冷蔵庫に1時間おいてから、63℃の湯に沈め1時間20分湯煎する。

3 表面を焼く

袋の中身を鶏肉と煮汁に分ける。フライパンにサラダ油を熱し、鶏肉をこんがりと焼き色がつくまで焼いて取り出す。

4 ソースを作り、盛りつける

同じフライパンに煮汁を入れ、とろりと濃度がつくまで煮詰める。鶏肉を器に盛り、ソースをかけ、いんげんを添える。

チキンのトマト煮

低温調理で煮込んだ鶏肉はジューシー。
皮をこんがりと焼いてからトマトソースと合わせて袋に入れます。

63℃ / 1時間

材料（2人分）

鶏もも肉 ……小2枚（400g・厚さ2cm）
塩 …………………………… 3g
胡椒 ………………………… 適量
にんにく（みじん切り）… 小さじ1
玉ねぎ（みじん切り）…… 1/2個
しめじ ……………………… 80g
小麦粉 …………………… 大さじ1
トマト水煮缶（カット）…… 300g
オリーブオイル ………… 小さじ2
好みのハーブ
（イタリアンパセリなど）…… 適量

作り方

1　下味をつける

鶏肉全体を金串などでまんべんなく刺し、塩、胡椒をふる。

2　表面を焼く

フライパンにオリーブオイルを熱し、鶏肉を皮目を下にして入れ、上から軽く抑えながら焼く。こんがりと焼き色がついたら取り出す。

3　ソースを作る

2のフライパンににんにく、玉ねぎ、ほぐしたしめじを入れて炒め、小麦粉を加えて炒め合わせる。トマトの水煮を加え、2/3量になるまで煮詰める。

4　低温調理

2と3を耐熱袋に入れ、空気を抜いて密閉する。63℃の湯に沈め1時間湯煎する。

5　盛りつける

器に盛り、好みのハーブを添える。

第2章 / 肉を低温調理

チキンのココナツカレー

ココナツミルクをベースにナンプラーを加えたエスニックカレー。
骨つきの手羽元を使うことでうまみが出ます。

63℃　1時間

材料（2人分）

- 鶏手羽元 … 6本（300g）
- A
  - 小麦粉 …… 大さじ1
  - 塩 …………… 少々
  - 胡椒 ………… 適量
- B
  - ココナツミルク
    …………… 300ml
  - ブイヨン …… 100ml
  - ナンプラー … 20ml
  - 砂糖 ……… 小さじ2
- なす ……………… 1本
- 玉ねぎ ………… 1/2個
- 赤パプリカ …… 1/2個
- エリンギ ………… 1本
- しょうが（すりおろし）
  ………………… 小さじ1
- にんにく（すりおろし）
  ………………… 小さじ1/2
- カレー粉 …… 大さじ1
- サラダ油 …… 小さじ2

作り方

1　材料を切る
なす、玉ねぎ、赤パプリカ、エリンギは3cm角に切る。

2　表面を焼く
鶏手羽元にAをまぶす。フライパンにサラダ油を熱し、表面をこんがり焼いて取り出す。

3　ソースを作る
2のフライパンにしょうが、にんにく、1を入れて炒め、カレー粉を加える。Bを加えて半量になるまで煮詰める。

4　低温調理
2と3を耐熱袋に入れ、空気を抜いて密閉する。63℃の湯に沈め1時間湯煎する。

明太ささみ

お弁当のおかずやおつまみにおすすめ。脂の少ないささみも、低温調理器を使えばパサつかずに調理できます。

63℃　50分

材料（2人分）

鶏ささみ	6本（200g）
煮切り酒	小さじ2
塩	1g
明太子	2腹

作り方

1 巻く

ささみは筋を取り、肉叩きなどで薄く叩きのばし、酒と塩をふりかける。ラップの上にのせ、薄皮から出した明太子をささみ1本につき1/6量ずつのせて端からくるくると巻く。巻き終えたら1本ずつラップで包み、両端をしっかりとねじり、形を整える。

2 低温調理

耐熱袋に入れ、空気を抜いて密閉する。63℃の湯に沈め50分湯煎する。

3 盛りつける

食べやすい大きさの斜め切りにして器に盛る。

第2章 / 肉を低温調理

鶏レバーの中華風

低温で火を通したレバーは、
まるでチョコレートのようになめらかでクリーミーな舌触りです。

66℃ / 1時間

材料（2人分）

鶏レバー……………………………… 200g
牛乳…………………………………… 100mℓ
A
　細ねぎの根と白い部分……………3本分
　しょうが（薄切り）………………3枚
　にんにく（薄切り）………………1かけ分
　オイスターソース…………………小さじ2
　煮切り酒……………………………小さじ2
　醤油…………………………………小さじ2
　ごま油………………………………小さじ2
細ねぎ（小口切り）、炒りごま……各適量

作り方

1　下処理する

鶏レバーは筋や血管を取り除き、ひと口大に切って洗う。牛乳に30分浸け、水けを拭き取る。

2　低温調理

1とAを耐熱袋に入れ、空気を抜いて密閉する。66℃の湯に沈め1時間湯煎する。

3　盛りつける

器に盛り、細ねぎをのせ、ごまを散らす。

鴨胸肉のいちじくソース

特別な日に作りたい豪華な一皿。
ソースはいちじくが入ることでフルーティーさと食感がプラスされます。

材料（2人分）

鴨胸肉	1枚（250g・厚さ2.5cm）
塩	2.5g
胡椒	適量
タイム	1本
セミドライいちじく	4個
A	
赤ワイン	30mℓ
バルサミコ酢	30mℓ
デミグラスソース	60g
マッシュポテト、クレソン	各適量

作り方

1 下味をつける
鴨肉は皮目に切り込みを入れ、全体を金串などで刺し、塩、胡椒をふって手でもみ込む。

2 低温調理
1とタイムを耐熱袋に入れ、空気を抜いて密閉する。58℃の湯に沈め40分湯煎する。

3 表面を焼く
鴨肉を袋から取り出し、水けを拭き取る。フライパンを熱し、皮目を下にして焼く。こんがりと焼き色がついたら裏返して5秒ほど焼き、取り出す。

4 ソースを作る
3のフライパンに1cm角に切ったいちじくを入れてソテーする。Aを加えて2～3分煮る。

5 盛りつける
鴨肉を2mm幅の薄切りにする。器にマッシュポテト、クレソンとともに盛り、4のソースをかける。

皮目に切り込みを入れるときは、身まで切らないように注意しましょう。

第 2 章 ／ 肉を低温調理

51

サルシッチャ

豚ひき肉にベーコンや生ハム、ハーブを混ぜて作る手作りソーセージ。好みのハーブやスパイスでアレンジできます。

66℃ / 1時間

材料（作りやすい分量）

豚ひき肉	300g
A	
ベーコン（みじん切り）	30g
生ハム（みじん切り）	15g
玉ねぎ（みじん切り）	50g
イタリアンハーブミックス	小さじ1/2
塩	2.5g
胡椒	適量
水	30mℓ
オリーブオイル	小さじ2
ブロッコリーとカリフラワーの塩ゆで	各適量
粒マスタード	適量

作り方

1 成形する

ボウルに豚ひき肉とAを入れてよく混ぜ合わせる。8等分にし、直径2cmの棒状にしてそれぞれラップで包み、両端をしっかりとねじってしばる。

2 低温調理

1を耐熱袋に入れ、空気を抜いて密閉する。66℃の湯に沈め1時間湯煎し、冷水で袋ごと冷やす。

3 表面を焼く

ラップを外し、オリーブオイルを熱したフライパンで表面がこんがりと色づくまで焼く。

4 盛りつける

器に盛り、ブロッコリーとカリフラワーの塩ゆで、粒マスタードを添える。

ラップで包まず、豚腸に詰めて作るとより本格的な仕上がりに。豚腸はネット通販などで手に入ります。肉だねを豚腸に詰めるときは絞り袋を使います。

ハンバーグ

ふんわりとやわらかなハンバーグが実現できます。
最後に表面に焼き色をつけて完成です。

66℃　1時間

材料（2人分）

合いびき肉 …………………………… 300g
A
　牛乳 …………………………………… 40ml
　パン粉 ……………………………… 大さじ3
　塩 ……………………………………… 3g
　胡椒 …………………………………… 適量
　ナツメグ ……………………………… 少々
玉ねぎ（みじん切り）………………… 50g
バター ………………………………… 12g
B
　赤ワイン …………………………… 30ml
　ケチャップ ………………………… 大さじ3
　中濃ソース ………………………… 大さじ2
にんじんのグラッセ、ブロッコリーの塩ゆで
 ……………………………………… 各適量

作り方

1 玉ねぎを炒める

フライパンにバターの半量を熱し、色づいたら玉ねぎを入れて炒める。

2 肉だねを成形する

ボウルに1、ひき肉、Aを入れて混ぜ合わせる。4等分にし、厚さ2.5cmになるよう丸く形を整える。

3 低温調理

2を1個ずつラップで包み、耐熱袋に入れ、空気を抜いて密閉する。66℃の湯に沈め1時間湯煎する。

4 表面を焼く

袋からハンバーグを取り出す（袋の汁は残しておく）。フライパンに残りのバターを熱し、茶色く色づいたらハンバーグを入れて両面にこんがり焼き色がつくまで焼いて取り出す。

5 盛りつける

4のフライパンにBと袋に残った汁を入れ、2〜3分煮てソースを作る。器にハンバーグとにんじんのグラッセ、ブロッコリーを盛り、ソースをかける。

第2章／肉を低温調理

肉のテリーヌ

一見難しそうですが、意外と簡単にできるのでぜひチャレンジを。
テリーヌは容器ごと湯に沈め加熱します。

70℃　3時間

材料（高さ6cm×幅7cm×上部長さ19cm、下部長さ17cmの耐熱ガラス容器1個分）

豚ひき肉	520g
鶏レバー	80g
牛乳	80mℓ
ブランデー	15mℓ
玉ねぎ（みじん切り）	80g
赤ワイン	40mℓ
塩	7.2g
ナツメグ	少々
胡椒	適量
バター	15g
粉ゼラチン	3g
ミックスリーフ	適量

作り方

1 下処理する

鶏レバーは筋や血管を取り除いて洗い、牛乳に30分浸け、水けを拭き取る。フライパンにバターを熱し、レバーを入れて焼く。表面にこんがり焼き色がついたら、ブランデーをふりかけて香りをつけ取り出す。粗熱が取れたらみじん切りにする。

2 玉ねぎを炒める

1のフライパンに玉ねぎを入れて炒める。赤ワインを加えてアルコール分を飛ばしながら、底についたうまみをこそげとり火を止めて粗熱を取る。

3 容器に詰める

豚ひき肉、1、2、ナツメグ、塩、胡椒をよく混ぜ合わせる。1/3～1/2量ずつ手で丸めながら、ラップを敷いた耐熱容器に空気が入らないよう詰める。表面を平らにしラップで包む。

4 低温調理

耐熱袋に入れて空気を抜き、密閉する。70℃の湯に沈め3時間湯煎したあと、袋ごと冷水に浸けて冷やす（そのあと3日間冷蔵庫で寝かせると芳醇な味わいになる）。

5 ジュレを作る

ゼラチンを5倍の分量の水と混ぜ10分おく。テリーヌの肉汁80mℓを小鍋に入れて火にかけ、沸騰したら火を止めてゼラチンを加える。クッキングシートを敷いたざるでこし、氷水に当てながら冷やし固め、包丁で刻む。

6 盛りつける

テリーヌを型から出し、1～2cm幅に切り分け、ミックスリーフと5のジュレを添える。

容器に詰めるときは、空気が入らないよう丸めた肉だねを叩きつけるようにします。

鶏つくね

つややかなあんをかけて仕上げる上品な鶏つくね。
低温調理後、グリルで表面に焼き色をつけます。

 63℃ 1時間

第 2 章 ／ 肉を低温調理

材料（2人分）

鶏ひき肉	250g

A

しょうが（みじん切り）	小さじ1
長ねぎ（みじん切り）	大さじ1
白味噌	小さじ1
薄口醤油	小さじ1
煮切りみりん	小さじ1
塩	1g

B

だし汁	100mℓ
薄口醤油	小さじ2
みりん	小さじ2
片栗粉	小さじ1
えのきだけ、甘長唐辛子	各適量

作り方

1 成形する

鶏ひき肉とAをよく混ぜ合わせ6等分にする。1つずつ厚さ1.5cmのつくね形にする。

2 低温調理

1を1つずつラップで包み、耐熱袋に入れ、空気を抜いて密閉する。63℃の湯に沈め1時間湯煎する。

3 表面を焼く

袋の中身をバットにあける。えのきだけと甘長唐辛子を汁に絡める。アルミ箔につくね、えのきだけ、甘長唐辛子を並べ、魚焼きグリル（強火）で焼き色がつくまで焼く。

4 あんを作る

鍋にBを入れ、とろみがつくまでよく混ぜながら火にかける。

5 盛りつける

つくね、えのきだけ、甘長唐辛子を器に盛り、**4**のあんをかける。

ラムチョップ

2本ずつの塊の状態で加熱することで、片面は香ばしく、断面は美しいロゼ色になります。

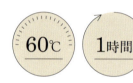

60℃　1時間

材料（2人分）

ラムラック	300g（4本分の塊）
A	
ミックスハーブ	小さじ1/4
塩	3g
胡椒	適量
にんにく	1かけ
バター	10g
塩、胡椒	各適量
好みの野菜※、タイム	各適量
マスタード	適量

※今回はトマト、なす、ズッキーニを使用

作り方

1　下味をつける

ラムは2本ずつの2等分に切り分け、Aをふる。

2　低温調理

1を耐熱袋に入れ、空気を抜いて密閉する。60℃の湯に沈め1時間湯煎する。

3　表面を焼く

袋からラムを取り出し、水けを拭き取る。フライパンにバターと潰したにんにくを入れて熱し、ラムを入れ表面をこんがり焼いて取り出す。同じフライパンで好みの野菜を焼き、塩、胡椒をふる。

4　盛りつける

ラムは1本ずつに切り分ける。野菜とともに器に盛り、タイムとマスタードを添える。

第3章

魚を低温調理

第3章／魚を低温調理

サーモンのコンフィ

刺身用のサーモンを低温調理したコンフィはとろけるような食感で、特別感のあるごちそうになります。

※加熱用の鮭で作る場合は、殺菌のため66℃で30分加熱

材料（2人分）

サーモン（刺身用サク）	200g（厚さ2cm）
塩	2g
胡椒	適量
ディル	2本
オリーブオイル	大さじ2
好みの調味料※	各適宜

※今回はオリーブオイルとバルサミコ酢を使用

作り方

1 下味をつける

サーモンは2等分し、塩、胡椒をまぶす。

2 低温調理

1をディル、オリーブオイルとともに耐熱袋に入れ、空気を抜いて密閉する。44℃の湯に沈め30分湯煎する。

3 盛りつけ

器に盛り、好みの調味料を添える。

ツナ

低温調理器で作る自家製ツナは、しっとりやわらかくボリュームも抜群。そのままおかずになります。

58℃　20分

※加熱用のかじきで作る場合は、殺菌のため66℃で30分加熱

材料（2人分）

かじき（刺身用）	300g
水	100mℓ
A	
にんにく（薄切り）	1かけ分
タイム	1本
ローリエ	1枚
塩	4.5g
胡椒	適量
ミニトマト、バジル	各適量
オリーブオイル、塩、胡椒	各適量

作り方

1　下ごしらえ

かじきは2cm厚さの4等分に切る。水にAを入れて混ぜ合わせる。

2　低温調理

1を耐熱袋に入れ、空気を抜いて密閉する。58℃の湯に沈め20分湯煎し、加熱後は氷水で袋ごと冷やす。

3　盛りつける

器に盛り、ミニトマトとバジルを添える。オリーブオイルをかけ、塩、胡椒をふる。

すぐに食べずに保存する場合、加熱用のかじきを使う場合は、温度を66℃、加熱時間を30分にしてしっかり火を通します。保存容器などに入れ、オイルに漬けて5日ほど保存できます。

袋に残った煮汁はうまみたっぷりなので、スープにしても。こしてアクを取り除いてから、水で薄めて好みの濃さにして沸かすと澄んだスープになります。

第3章 ／ 魚を低温調理

第3章／魚を低温調理

シーフードテリーヌ

白身魚のペーストで作る2色のムースの間に、野菜を挟みます。
レストランのような一皿が家庭で作れます。

66℃　2時間30分

材料（高さ6cm×幅7cm×上部長さ19cm、下部長さ17cmの耐熱ガラス容器1個分）

鯛など白身魚（切り身）	400g
塩	5g
胡椒	適量
卵白	1個分
生クリーム	200g
トマトペースト	10g
アスパラガス	2本
ヤングコーン	2本
にんじん（1cm角・長さは型に合わせる）	1本
かにかまぼこ	2本
ミックスリーフ、市販のバジルソース	各適量

作り方

1　ムースを作る

魚を粗みじん切りにし、塩、胡椒とともにフードプロセッサーにかける。なめらかになったら卵白を加えてさらに混ぜ、生クリームを3回に分けて加える。半分に分け、片方にトマトペーストを混ぜる。

2　野菜をゆでる

アスパラガス、ヤングコーン、にんじんを塩ゆでし、水けをとる。

3　容器に詰める

ラップを敷いた耐熱容器に1の白いムースを空気が入らないように詰める。2とかにかまぼこを並べ、ムースに軽く押しこむ。1のトマトムースを入れて表面を平らにし、ラップで包む。

4　低温調理

耐熱袋に入れ、空気を抜いて密閉する。66℃の湯に沈め2時間30分湯煎し、袋ごと冷水に浸けて粗熱がとれたら冷蔵庫で冷やす。

5　盛りつける

テリーヌを型から出して1～2cm幅に切り分け、ミックスリーフを添えてバジルソースをかける。

切ったときの断面を考えながら、野菜を並べましょう。容器ごと袋に入れ、しっかりと空気を抜いて密閉します。

鱈のブランダード

ブランダードは鱈とじゃがいもを牛乳で煮てペーストにした南仏料理。トーストなどにつけても、前菜やおつまみとしてもぴったり。

66℃　40分

材料（2人分）

鱈（切り身）	200g
塩	2g
胡椒	適量
牛乳	50ml
にんにく	1かけ
タイム	1本
ローリエ	1枚

A
ゆでじゃがいも（裏ごししたもの）	60g
マヨネーズ	30g
オリーブオイル	30ml
好みのハーブ※（みじん切り）	小さじ2
塩、胡椒	各少々

ガーリックトースト　適量

※今回はパセリ、バジルを使用

作り方

1　下味をつける
鱈に塩、胡椒をふる。

2　低温調理
1、牛乳、にんにく、タイム、ローリエを耐熱袋に入れ、空気を抜いて密閉する。66℃の湯に沈め40分湯煎し、水に浸けて粗熱をとる。

3　ペーストにする
2の鱈の皮と骨を取り除き、にんにくとともにすり鉢に入れて潰す。Aを加えて混ぜ合わせる。

4　盛りつける
器に盛り、ガーリックトーストを添える。

秋刀魚のコンフィ

秋刀魚を洋風に食べるならコンフィがおすすめ。にんにくの風味がついたオイルとともにパスタソースなどに活用しても。

※骨まで食べる場合は95℃で7時間

材料（2人分）

秋刀魚 ································· 2尾
A
┃ にんにく（薄切り）········· 1かけ分
┃ イタリアンパセリ ················ 1本
┃ オリーブオイル ············· 大さじ3
┃ 塩 ··················· 秋刀魚の重量の1%
┃ 粒胡椒 ····························· 4粒

作り方

1　秋刀魚の下処理

秋刀魚は頭を落として4cm長さに切り、内臓を菜箸などでかき出す。よく洗い、水けを拭き取る。

2　低温調理

1とAを耐熱袋に入れ、空気を抜いて密閉する。66℃の湯に沈め25分湯煎する。

3　表面を焼く

袋の煮汁をフライパンに入れ、火にかける。水分が飛んで色づいてきたら、秋刀魚を加えて両面をこんがり焼く。

鯛のクリーム煮

マッシュルーム入りの濃厚なクリームソースは、
淡白な鯛と相性ぴったり。白ワインとブイヨンでコクが加わります。

66℃ / 30分

材料（2人分）

鯛（切り身）	2切れ
塩（鯛の下味用）	少々
玉ねぎ（みじん切り）	50g
小麦粉	小さじ2
白ワイン	30ml
ブイヨン	100ml
マッシュルーム	4個
生クリーム	60ml
塩、胡椒	各適量
バター	10g
チャービル	適量

作り方

1 ソースを作る

鍋にバターを熱し、玉ねぎを炒める。水分が飛んだら小麦粉を加えてさらに炒め、白ワインとブイヨンを加えて半量まで煮詰める。3mm幅の薄切りにしたマッシュルームと生クリームを加え、塩、胡椒で味を調える。

2 湯通しする

鯛に下味用の塩をふり10分おく。湯通しし、冷水で冷やしてウロコやアクを取り除き、水けを拭き取る。

3 低温調理

1と2を耐熱袋に入れ、空気を抜いて密閉する。66℃の湯に沈め30分湯煎する。

4 盛りつける

器に盛りチャービルを添える。

第3章／魚を低温調理

かれいの煮つけ

しっかりと味のしみた煮魚はほっとする味。
低温調理器なら煮汁が煮詰まる心配がありません。

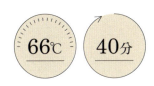
66℃　40分

材料（2人分）

かれい（切り身）	2切れ（厚さ3cm）
塩	少々
A	
しょうが（薄切り）	2枚
長ねぎの青い部分	1本分
煮切り酒	大さじ2
煮切りみりん	大さじ2
醤油	大さじ2
砂糖	大さじ1
小松菜の塩ゆで、白髪ねぎ	各適量

作り方

1 湯通しする

かれいは皮目に切り込みを入れ、塩をふって10分おく。湯通しし、冷水で冷やしてウロコやアクを取り除き、水けを拭き取る。

2 低温調理

1とAを耐熱袋に入れ、空気を抜いて密閉する。66℃の湯に沈め40分湯煎する。

3 盛りつける

器に盛り、小松菜と白髪ねぎを添える。

いわしの梅煮

梅干しと一緒に加熱することで、ほどよい酸味がプラスされ、いわしのくせがやわらぎ食べやすくなります。

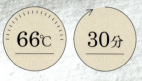

※骨まで食べる場合は95℃で7時間

材料（2人分）

いわし	2尾
塩	少々
A	
梅干し	2個
しょうが（薄切り）	4枚
長ねぎの青い部分	1本分
煮切りみりん	大さじ2
煮切り酒	大さじ2
醤油	大さじ1
砂糖	小さじ1

作り方

1 湯通しする

いわしに塩をふって10分おく。66℃の湯に1分つけてアクを抜き、冷水で冷やしてからやさしく洗って、水けを拭き取る。

2 低温調理

1とAを耐熱袋に入れ、空気を抜いて密閉する。66℃の湯に沈め30分湯煎する。

第3章／魚を低温調理

さばの味噌煮

煮くずれず、しっとりふわふわに仕上がるのは
低温調理器ならでは。定番おかずがワンランクアップします。

66℃　35分

材料（2人分）
- さば（切り身）……………… 2切れ
- 塩 ……………………………… 少々
- A
  - しょうが（薄切り）……… 4枚
  - 長ねぎの青い部分 ………… 1本分
  - 昆布 ……………………… 3cm角
  - 煮切り酒 ………………… 大さじ2
  - 煮切りみりん …………… 大さじ2
  - 砂糖 ……………………… 小さじ2
  - 味噌 ……………………… 小さじ2
  - 醤油 ……………………… 小さじ1
- 白髪ねぎ、木の芽 ………… 各適量

作り方

1 湯通しする

さばは皮目に切り込みを入れ、塩をふって10分おく。66℃の湯で湯通しし、冷水で冷やしてウロコやアクを取り除き、水けを拭き取る。

2 低温調理

1とAを耐熱袋に入れ、空気を抜いて密閉する。66℃の湯に沈め35分湯煎する。

3 盛りつける

器に盛り、白髪ねぎと木の芽を添える。

白身魚の中華蒸し

一尾まるごと使った豪華な一皿。香味野菜をたっぷりと添え、熱々のごま油をじゅっとかけて完成です。

材料（作りやすい分量）

めばる……………1尾（350g）
塩……………………………少々
A
　しょうが（薄切り）………2枚
　長ねぎの青い部分………1本分
　昆布………………………3cm角
　煮切り酒………………大さじ1
　塩……………………………2g
醤油………………………小さじ1
ごま油……………………大さじ1
針しょうが………………半かけ分
白髪ねぎ…………………1/3本分
パクチー（ざく切り）………適量

作り方

1 湯通しする

めばるは内臓とウロコを取って皮目に切り込みを入れ、塩をふって10分おく。湯通しし、冷水で冷やしてウロコやアクを取り除き、水けを拭き取る。

2 低温調理

1とAを耐熱袋に入れ、空気を抜いて密閉する。66℃の湯に沈め35分湯煎する。

3 たれを作る

袋の煮汁に醤油を加えてこし、たれを作る。

4 盛りつける

器に盛り、3のたれをかけて針しょうが、白髪ねぎ、パクチーをのせる。ごま油を火にかけて煙が出るまで熱し、熱々の状態でかける。

第3章 ／ 魚を低温調理

韓国風まぐろ丼

低温で火を通したまぐろは生とは違ったねっとりとした食感。
コチュジャンの辛みが食欲をそそります。

40℃ / 20分

材料（2人分）

まぐろ（刺身用）	150g
塩	1.5g
煮切り酒	大さじ1
ごま油	大さじ1
A	
長ねぎ（みじん切り）	大さじ3
しょうが（みじん切り）	小さじ1
コチュジャン	大さじ1
醤油	大さじ1
ごはん	2杯分
温泉卵	2個
韓国焼き海苔、大葉、炒りごま、糸唐辛子	各適量

作り方

1 下味をつける

まぐろは1cm角に切り、塩、酒、ごま油と和える。

2 低温調理

1を耐熱袋に入れ、空気を抜いて平らに密閉する。40℃の湯に沈め20分湯煎し、氷水で袋ごと冷やす。

3 盛りつける

混ぜ合わせたAと和え、丼に盛ったごはんの上に、温泉卵、韓国風焼きのり、大葉とともにのせ、炒りごまと糸唐辛子を添える。

かつおのたたきサラダ

表面をこんがりと炙り、中はむっちりとなめらかな舌触りのかつおを、たっぷりの野菜と組み合わせます。

40℃ / 50分

材料（2人分）

かつお（刺身用サク）	300g（厚さ4cm）
塩	4g
煮切り酒	大さじ1
水菜	60g
玉ねぎ	1/3個
大葉	2枚
みょうが	2本
にんにく（薄切り）	1かけ分
ポン酢	30ml

作り方

1 表面をあぶる

かつおに塩をふり、表面を直火もしくはバーナーであぶる（サラダ油を熱したフライパンで表面を焼いてもよい）。

2 低温調理

1を酒とともに耐熱袋に入れ、空気を抜いて密閉する。40℃の湯に沈め50分湯煎し、氷水で袋ごと冷やす。

3 野菜を切る

水菜は3cm幅のざく切り、玉ねぎは薄切り、大葉はみじん切り、みょうがは小口切りにする。すべて10分ほど水でさらし、水けを切って盛りつけまで冷蔵庫に入れておく。

4 かつおを切る

2のかつおの水けを拭き取る。1cm幅に切り分ける。

5 盛りつける

かつおと野菜、にんにくをポン酢で和える。

表面に焼き色がつくようにあぶることで、風味がつきます。フライパンの場合は強火で焼くのがポイントです。

いかの塩辛

おつまみやごはんのおともにぴったり。
低温で加熱することで、寝かせずすぐに食べられます。

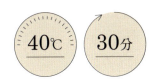

材料（作りやすい分量）

するめいか ………………… 1杯
塩 …………………………… 適量
煮切り酒 …………………… 小さじ1
ゆずの皮（細切り）………… 適量

作り方

1　下処理する

いかをさばいて胴とワタにわけ、胴は皮をむいて開き、えんぺらとともに軽く塩をふる。風通しのよいところで2〜3時間乾燥させてから、短冊切りにする。ワタは塩大さじ1弱をまぶして2〜3時間おく。

2　混ぜる

ワタを軽く洗い、水けをとって裏ごしする。胴とえんぺらに酒を加えて混ぜ合わせる。

3　低温調理

2を耐熱袋に入れ、空気を抜いて密閉する。40℃の湯に沈め30分湯煎し、氷水で袋ごと冷やす。

4　盛りつける

器に盛り、ゆずの皮をのせる。

鳴門いか

細かい切り込みを入れたいかに青のりを巻き込みます。
生のままよりも噛み切りやすく仕上がります。

材料（2人分）

するめいかの胴（刺身用）…… 1枚
A
　煮切り酒 ………………… 小さじ1
　煮切りみりん …………… 小さじ1
　塩 ………………… いかの重量の1%
青のり ……………………… 大さじ1
大葉 ………………………… 適量

作り方

1　切り込みを入れる

いかは片面に縦に1〜2cm幅の切り込みを入れ、Aをふりかける。

2　巻く

切り込みを入れた面を下側にしてラップの上にのせ、青のりを散らす。手前から空気が入らないように巻いて直径3cmのロール状にし、ラップで包んで固定する。

3　低温調理

2を耐熱袋に入れ、空気を抜いて密閉する。40℃の湯に沈め40分湯煎し、氷水で袋ごと冷やす。

4　盛りつける

5mm幅に切り分け、器に盛り大葉を添える。

いかのセート風

トマトソースで煮込む南仏セートの郷土料理。
マヨネーズににんにくを混ぜた即席アイヨリソースを添えて。

材料（2人分）

するめいか	1杯（350g）
にんにく（みじん切り）	小さじ1
玉ねぎ（みじん切り）	100g
トマト水煮缶（カット）	300g
ブイヨン（顆粒）	小さじ1
塩	適量
胡椒	適量
オリーブオイル	適量
バターライス※	適量
A	
マヨネーズ	大さじ2
にんにく（すりおろし）	少々
オリーブオイル	小さじ1
パセリ（みじん切り）	適量

※ごはんにバター、塩、胡椒を混ぜて作る

作り方

1　いかを切る

いかはさばいて皮をむく。胴は輪切り、えんぺらは短冊切り、げそは5cm長さに切って、塩小さじ1/3、胡椒少々をふる。

2　いかを炒める

フライパンにオリーブオイル小さじ1を熱し、1を入れて強火でサッと炒め、半生で取り出す。

3　ソースを煮る

2のフライパンにオリーブオイル小さじ2とにんにくを入れて炒め、香りが出てきたら玉ねぎを加えてさらに炒める。トマトの水煮、ブイヨン、塩ひとつまみ、胡椒少々を加えて、半量まで煮詰める。

4　低温調理

2と3を耐熱袋に入れ、空気を抜いて密閉する。55℃の湯に沈め30分湯煎する。

5　盛りつける

器にバターライスとともに盛りつける。混ぜ合わせたAを添え、パセリを散らす。

第 3 章 ／ 魚を低温調理

たこのやわらか煮

生のような食感を残しつつ、煮汁もよくしみたたこは絶品。
長時間煮込まなくてもやわらかくなります。

材料（2人分）

生たこ（刺身用）……2本（厚さ2.5cm）
A
 昆布……………………………5cm角
 水………………………………大さじ2
 煮切り酒………………………大さじ2
 煮切りみりん…………………大さじ2
 砂糖……………………………大さじ1
 醤油……………………………大さじ1

作り方

1 下処理する

たこはよくもみ洗いし、水けを拭き取る。

2 低温調理

1とAを耐熱袋に入れ、空気を抜いて密閉する。50℃の湯に沈め30分湯煎する。

3 盛りつける

たこを5mm幅に切って器に盛り、煮汁を軽く煮詰めてかける。

第3章／魚を低温調理

えびしんじょ入り湯豆腐

えびしんじょを詰めたごちそう湯豆腐。豆腐は崩れやすいので袋に入れるとき、取り出すときは慎重に。

77℃　25分

材料（4人分）

- むきえび……………… 60g
- A
  - 煮切り酒………… 小さじ1
  - 煮切りみりん…… 小さじ1
  - 塩………………… 少々
- 豆腐…………………… 1丁
- 昆布…………………… 5cm角
- 水……………………… 100ml
- B
  - 醤油……………… 大さじ2
  - みりん…………… 小さじ1
  - 酒………………… 小さじ1/2
  - 削り節…………… 1g
- 好みの薬味※………… 適量

※しょうがのすりおろし、削り節、刻みねぎなど

作り方

1　えびしんじょを作る
えびをみじん切りにしてAを混ぜる。

2　豆腐に詰める
豆腐を縦半分に切ってから厚みを半分にする。それぞれ中央の上部をスプーンでくり抜き、1を1/4量ずつ詰める。

3　低温調理
2と昆布を耐熱袋に入れて水を注ぎ、空気を抜いて密閉する。77℃の湯に沈め25分湯煎する。

4　土佐醤油を作る
Bを混ぜ合わせ、600Wの電子レンジで30秒加熱し、こす。

5　盛りつける
器に盛り、4の土佐醤油と薬味を添える。

えびのチリソース煮

えびはある程度高めの温度で加熱することで、
プリッと歯応えがよくなります。

※えびをよりやわらかい食感に
　仕上げたい場合は、55℃で20分

材料（2人分）

えび（有頭・殻つき）	8尾
A	
卵白	20g
片栗粉	小さじ1
塩	少々
にんにく（みじん切り）	小さじ1/2
しょうが（みじん切り）	小さじ1
長ねぎ（みじん切り）	大さじ2
豆板醤	小さじ2
小麦粉	大さじ1
B	
鶏ガラスープ	100ml
ケチャップ	40g
酒	大さじ1
醤油	小さじ1
酢	小さじ1
ごま油	大さじ1

作り方

1 下処理する

えびは尾の剣先からから頭にかけて背側の殻をキッチンバサミで切り開き、背ワタを取り除いて、Aをまぶす。

2 表面を焼く

フライパンにごま油の半量を入れ、えびの両面の殻を香ばしく焼いて取り出す。

3 ソースを作る

2のフライパンに残りのごま油を入れ、にんにく、しょうが、長ねぎ、豆板醤、小麦粉の順に加えて炒める。最後にBを加え、とろみがつくまで混ぜながら加熱する。

4 低温調理

2と3を耐熱袋に入れ空気を抜いて密閉する。77℃の湯に沈め20分湯煎する。

殻つきのえびを焼いてから使うことで、えびの風味が際立ちます。香ばしい香りが立つまでしっかり焼きましょう。

魚介のアヒージョ

具材を香味油とともに袋に入れて調理します。バゲットを添えて、魚介のうまみがたっぷりのオイルごと召し上がれ。

77℃　20分

材料（2人分）

むきえび	8尾
たこ	80g
マッシュルーム	4個

A
- にんにく（みじん切り）　小さじ1
- 赤唐辛子（輪切り）　1/3本分
- イタリアンハーブミックス　小さじ1/2
- 塩　小さじ1/2
- 胡椒　少々

オリーブオイル　100mℓ
パセリ（みじん切り）、バゲット　各適量

作り方

1 下ごしらえ
えびは背ワタを取り除く。たこは8等分に、マッシュルームは縦半分に切る。

2 オイルを加熱する
小鍋にAとオリーブオイルを入れてにんにくが茶色く色づくまで加熱し、粗熱をとる。

3 低温調理
1と2を耐熱袋に入れ、空気を抜いて密閉する。77℃の湯に沈め20分湯煎する。

4 盛りつける
器に盛ってパセリをふり、バゲットを添える。

にんにくが茶色く色づくまでしっかり加熱することで、オイルににんにくの風味が移ります。

第3章／魚を低温調理

87

牡蠣のオイル煮

オイスターソースを加えたごま油で煮る中華風のオイル煮。
プリッとした食感の牡蠣を楽しめます。

88℃　25分

材料（2人分）

むき牡蠣（加熱用）	12個
大根おろしまたは小麦粉	大さじ1

A
しょうが（薄切り）	4枚
にんにく（薄切り）	1かけ分
長ねぎの青い部分	1本分
赤唐辛子（輪切り）	1/3本分
オイスターソース	小さじ2
醤油	小さじ1
ごま油	大さじ3

作り方

1　下処理する

牡蠣は大根おろしまたは小麦粉をまぶしてやさしく洗って汚れを落とし、水けを拭き取る。

2　低温調理

1とAを耐熱袋に入れ、空気を抜いて密閉する。88℃の湯に沈め25分湯煎し、冷水で袋ごと冷やす。

牡蠣を洗うときは、大根おろしや小麦粉をまぶして汚れを吸着させます。ひだの部分もやさしく丁寧に洗いましょう。

あさりの佃煮

短時間の加熱で仕上げるからあさりの身がふっくら。
ごはんのおともやおつまみとして活躍する一品です。

88℃ 20分

材料（2人分）

あさりむき身（冷凍）	200g
しょうが（せん切り）	15g
昆布	5cm角
酒	大さじ2
醤油	大さじ2
砂糖	大さじ1

作り方

1 湯通しする

あさりは解凍し、湯通しして水けを拭き取る。

2 煮汁を作る

鍋にしょうが、昆布、酒、醤油、砂糖を入れて1/3量まで煮詰める。

3 低温調理

1と2を耐熱袋に入れ、空気を抜いて密閉する。88℃の湯に沈め20分湯煎する。

ほたてとキャベツのマリネ

ほたてから出るうまみと甘み、トマトやケイパーの酸味が合わさり、さっぱりしつつも滋味深い味わいです。

材料（2人分）

ほたて貝柱	8個
塩	適量
胡椒	適量
キャベツ	1枚
ミニトマト	4個
ケイパー（酢漬け）	小さじ1
酒	大さじ1
薄口醤油	小さじ1
オリーブオイル	10g

作り方

1 下ごしらえ

ほたてに塩ひとつまみと胡椒少々をふる。キャベツは短冊切りにし、ミニトマトは縦半分に切る。

2 ほたてを焼く

フライパンにオリーブオイルを熱し、薄煙が立ったらほたてを並べ入れる。すぐに裏返し、半生で取り出す。

3 キャベツを炒める

2のフライパンにキャベツを入れて炒め、ケイパー、酒、薄口醤油、塩ひとつまみ、胡椒少々を入れてアルコール分を飛ばす。

4 低温調理

2、3、ミニトマトを耐熱袋に入れ、空気を抜いて密閉する。44℃の湯に沈め25分湯煎し、氷水で袋ごと冷やす。

セビーチェ

新鮮な魚介を柑橘の果汁でマリネするペルーの料理。
レモンの酸味とパクチーの風味が爽やかです。

材料（2人分）

白身魚（鯛、すずきなど※）	150g
塩	1.5g

A
紫玉ねぎ（薄切り）	1/4個
青唐辛子（みじん切り）	1/2本分
パクチー（みじん切り）	小さじ1
にんにく（みじん切り）	小さじ1/2
レモンの搾り汁	2個分
塩	1g
胡椒	少々

蒸しとうもろこし、蒸しさつまいも、
パクチー 各適量

※今回はすずきを使用

作り方

1　下味をつける

白身魚は1.5cm角に切り、塩をふる。冷蔵庫に20分おき、水けを拭き取る。

2　低温調理

1とAを耐熱袋に入れ、空気を抜いて密閉する。40℃の湯に沈め15分湯煎し、氷水で袋ごと冷やす。

3　盛りつける

器に盛り、蒸しとうもろこし、蒸しさつまいも、パクチーを添える。

ペルーではチョクロと呼ばれる白いとうもろこしや、オレンジ色のさつまいも、炒ったとうもろこしなどと一緒に食べるのが定番。酸味のあるセビーチェに甘みのある付け合わせを添えるのが本場流です（写真はペルーで撮影したセビーチェ）。

第3章／魚を低温調理

明太子

本格的な明太子が簡単・短時間で完成。漬けだれに
昆布や粉がつおが入っているのでうまみたっぷりです。

材料（2人分）

たらこ	2腹
A	
刻み昆布	2g
粉がつお	1g
パプリカパウダー	小さじ1/4
粉唐辛子	少々
煮切り酒	小さじ1
煮切りみりん	小さじ1
薄口醤油	小さじ1/2
大葉	適量

作り方

1　たれに漬け込む

たらこはつなぎ目を切り離し、混ぜ合わせたAをまぶす。

2　低温調理

1を耐熱袋に入れ、空気を抜いて密閉する。44℃の湯に沈め20分湯煎し、冷水で袋ごと冷やす。

3　盛りつける

1cm幅に切り、大葉とともに器に盛る。

第4章
野菜・豆・卵を
低温調理

第4章 ／ 野菜・豆・卵を低温調理

ピクルス

短時間で歯ごたえのよいピクルスが完成。
ドレッシングやソースとしてアレンジするのもおすすめ。

※清潔な保存容器に入れて
2週間保存可能

材料（作りやすい分量）

きゅうり、にんじん、セロリ、
パプリカ、カリフラワー …… 合わせて200g

A
- 酢 …………………………… 30ml
- 水 …………………………… 30ml
- 砂糖 ………………………… 30g
- 塩 …………………………… 3g
- 粒胡椒 ……………………… 3粒
- ローリエ …………………… 1枚

作り方

1 切る

きゅうり、にんじん、セロリ、パプリカは4cm長さの棒状に切る。カリフラワーは食べやすい大きさの小房に分ける。

2 低温調理

1とAを耐熱袋に入れ、空気を抜いて密閉する。66℃の湯に沈め30分湯煎し、冷水で袋ごと冷やす。

アレンジレシピ

ピクルスドレッシング

ピクルス液とオリーブオイルを3対1の割合で混ぜ合わせ、刻んだピクルス適量を加える。オリーブオイルはごま油などにかえても◎

トマトのジュレ

生のようなフレッシュさを残しつつ、
加熱によって甘みの引き出されたミニトマトのおいしさが際立ちます。

66℃　30分

材料（2人分）

ミニトマト	200g
粉ゼラチン	5g
水	25mℓ
湯	200mℓ
A	
レモン（輪切り）	2枚
はちみつ	30g
レモン汁	15mℓ
塩	小さじ1/2

作り方

1　湯むきする

ミニトマトはヘタを取り、熱湯に3秒浸けて冷水にとり、皮をむく。

2　ゼリー液を作る

粉ゼラチンを水にふり入れて混ぜ、10分おいてふやかす。湯を加えて溶かし、Aを混ぜ合わせる。

3　低温調理

1と2を耐熱袋に入れ、空気を抜いて密閉する。66℃の湯に沈め30分湯煎し、氷水で袋ごと冷やす。

第4章／野菜・豆・卵を低温調理

バターコーン

芯も一緒に加熱することでうまみが増します。
仕上げの粗挽き黒胡椒がアクセント。

88℃ / 30分

材料（2人分）
とうもろこし	1本
砂糖	小さじ1
塩	小さじ1/2
胡椒	少々
バター	15g
粗挽き黒胡椒	適量

作り方

1 実をはずす

とうもろこしは皮をむいてひげを取り、包丁で実をはずす（芯は取っておく）。砂糖、塩、胡椒を混ぜる。

2 低温調理

とうもろこしの実と芯を耐熱袋に入れ、空気を抜いて密閉する。88℃の湯に沈め30分湯煎する。

3 バターで和える

芯を取り出す。芯の表面を包丁でこそげ落としてとれた部分とバターを実と混ぜ合わせる。

4 盛りつける

器に盛り、粗挽き黒胡椒をふる。

アンチョビ入り
ポテトサラダ

じゃがいもと卵を同時に調理。いつものポテトサラダもアンチョビを加えることでぐっとおしゃれな味わいに。

材料（2人分）

じゃがいも	250g
アンチョビフィレ	1枚
きゅうり	1/2本
塩	適量
胡椒	適量
卵	1個
オリーブオイル	小さじ1
マヨネーズ	大さじ3
粗挽き黒胡椒	適宜

作り方

1 切る
じゃがいもは1cm幅の半月切りに、アンチョビはみじん切りにする。きゅうりは小口切りにして塩ひとつまみをまぶし、10分おいて水けを搾る。

2 下味をつける
ボウルにじゃがいも、アンチョビ、塩ひとつまみ、胡椒少々、オリーブオイルを入れて混ぜ合わせる。

3 低温調理
2を耐熱袋に入れ、空気を抜いて密閉する。88℃の湯に沈め45分湯煎する。同時に湯に卵も入れて30分ゆで、水にとって冷ます。

4 潰す
じゃがいもを袋の上から潰し、冷水で室温になるまで冷ます。

5 混ぜる
4、きゅうり、粗みじん切りにしたゆで卵、マヨネーズを混ぜ合わせ、塩ひとつまみ、胡椒少々で味を調える。

6 盛りつける
器に盛り、好みで粗挽き黒胡椒を散らす。

第4章／野菜・豆・卵を低温調理

肉じゃが

すべての材料を袋に入れて湯煎するだけで、できあがり。
ペクチンの多いじゃがいもやにんじんもホクホクに。

材料（2人分）

牛肉（こま切れ）	150g
じゃがいも（乱切り）	2個
にんじん（乱切り）	1/2本
たまねぎ（くし形切り）	1/2個
しょうが（薄切り）	2枚
A	
だし汁	100mℓ
煮切りみりん	大さじ2
醤油	大さじ2
砂糖	小さじ2

作り方

1　調味料と混ぜる

牛肉、じゃがいも、にんじん、たまねぎ、しょうがとAを混ぜ合わせる。

2　低温調理

1を耐熱袋に入れ、空気を抜いて密閉する。88℃の湯に沈め1時間湯煎する。

第4章 ／ 野菜・豆・卵を低温調理

かぼちゃの煮物

よく煮汁がしみたかぼちゃはほっこりと甘みが広がります。
袋で調理するから煮くずれしにくいのがうれしいポイント。

材料（2人分）
かぼちゃ……………………250g
A
　だし汁………………………100mℓ
　煮切りみりん……………大さじ1
　醤油………………………大さじ1
　砂糖………………………大さじ1

作り方

1 切る

かぼちゃはところどころ皮をむき、2cm×5cm程度のくし形切りにする。

2 低温調理

1とAを耐熱袋に入れ、空気を抜いて密閉する。88℃の湯に沈め30分湯煎する。

かぶとしめじの
お吸いもの

だしベースの和の汁物はほっとする味。
かぶの甘み、しめじのうまみを味わいます。

88℃　25分

材料（2人分）

かぶ	1個
しめじ	30g
A	
だし汁	400mℓ
薄口醤油	小さじ2
煮切りみりん	小さじ1
塩	少々

作り方

1 切る

かぶは茎を3cmほど残して葉を切り落とし、皮をむいて1cm幅のくし形切りにする。しめじはほぐす。

2 低温調理

1とAを耐熱袋に入れ空気を抜き、密閉する。88℃の湯に沈め25分湯煎する。

第4章／野菜・豆・卵を低温調理

ブロッコリーのポタージュ

ブロッコリーの芯も活用して作るポタージュ。
緑が鮮やかなつぼみ部分は、すぐに火が通るので後から加えます。

88℃ / 合計50分

材料（2人分）
ブロッコリー……120g※
じゃがいも……120g
A
　ブイヨン……300mℓ
　バター……10g
　塩……小さじ1/3
　胡椒……少々
生クリーム……50mℓ

※かたい部分を取り除いた茎とつぼみを合わせた分量

作り方

1 切る

ブロッコリーは飾り用にいくつか小房を取り分け、残りのつぼみは粗みじん切りに、芯は5mm厚さの輪切りにする。じゃがいもは5mm厚さの半月切りにする。

2 低温調理

ブロッコリーの茎、じゃがいも、Aを耐熱袋に入れ、空気を抜いて密閉する。88℃の湯に沈め40分湯煎する。

ブロッコリーのつぼみ部分、飾り用の小房、生クリームを加えてさらに10分湯煎する。

3 攪拌する

飾り用のブロッコリーを取り出し、残りをブレンダーにかけてなめらかになるまで攪拌する。

4 盛りつける

器に盛り、飾り用のブロッコリーをのせる。

発酵ケチャップ

トマト缶と米麹で作る自家製のケチャップは、
フルーティーさと麹由来のやさしい甘みが特徴です。

材料（作りやすい分量）

トマト水煮缶（カット）	250g
米麹（生）	80g
酢	小さじ1
塩	小さじ1
好みのスパイス※	少々

※今回はナツメグ、クローブ、シナモン、オールスパイス、胡椒を使用

作り方

1 低温調理

すべての材料を耐熱袋に入れ、空気を抜いて密閉する。55℃の湯に沈め4時間湯煎して発酵させる。

2 潰す

袋の上から手で潰して好みの状態にする（ブレンダーにかけてもよい）。

第4章 / 野菜・豆・卵を低温調理

フムス

やわらかく煮たガルバンソ（ひよこ豆）をペーストにします。
野菜につけたり、パンに塗ったりして食べましょう。

88℃　4時間

材料（2人分）

ガルバンソ（乾燥）	80g
水	240mℓ
ローリエ	1枚
白ごまペースト	大さじ2
オリーブオイル	大さじ2
A	
レモン汁	大さじ1/2
クミンパウダー	小さじ1/2
コリアンダーパウダー	小さじ1/4
塩	2g
胡椒	少々
ミント、好みのスパイス※	各適量

※今回はコリアンダー、クミン、パプリカパウダーを使用

作り方

1 豆を戻す
ガルバンソは洗って半日、分量の水に浸ける。

2 低温調理
1（戻し汁ごと）とローリエを耐熱袋に入れ、空気を抜いて密閉する。88℃の湯に沈め4時間湯煎する。

3 攪拌する
ガルバンソと煮汁に分け、ローリエは取り除く。フードプロセッサーにガルバンソ、白ごまペースト、オリーブオイルを入れ、煮汁大さじ3を少しずつ加えながらなめらかになるまで攪拌し、Aを加える。

4 盛りつける
器に盛り、オリーブオイル（分量外・適量）をかける。ミントを添え、スパイスをふる。

第4章／野菜・豆・卵を低温調理

黒豆

低温調理器を使えば火を使わず放置しておけるのでお手軽。
ぜひチャレンジしてみましょう。

88℃　5時間30分

材料（作りやすい分量）

黒豆	100g
水	400ml
重曹	ひとつまみ
砂糖	90g
塩	ひとつまみ

作り方

1 豆を戻す

鍋に水と重曹を入れて沸かし、火を止めて黒豆を加え半日おく。再度火にかけて沸騰させ、アクを取り除く。

2 低温調理

1を戻し汁ごと耐熱袋に入れ、空気を抜いて密閉する。88℃の湯に沈め4時間湯煎する。いったん袋を開けて砂糖30gを加え、さらに30分湯煎する。再び砂糖30gを加えて30分湯煎し、残りの砂糖と塩を加えてさらに30分湯煎する。

重曹を加えた湯に半日浸けておいてから低温調理することで、黒豆がふっくら仕上がります。

第4章 / 野菜・豆・卵を低温調理

茶碗蒸し

卵液にえのきを混ぜた、なめらかでシンプルな茶碗蒸し。
えびはあとからのせます。冷やして食べるのもおすすめ。

材料（2人分）

卵	100g
A	
だし汁	210mℓ
煮切りみりん	小さじ1
薄口醤油	小さじ1
塩	ひとつまみ
えのきだけ（2cm長さのざく切り）	10g
ボイルえび	2尾
三つ葉（2cm長さのざく切り）	2本

作り方

1　卵液を作る

卵を溶いてAと混ぜ合わせ、目の細かいざるでこす。

2　低温調理

1とえのきだけを器に入れて蓋をする。卵液の高さまで湯に浸かるよう調整し、77℃の湯に沈め40分湯煎する。

3　盛りつける

ボイルえびと三つ葉をのせる。

小鍋やバットなどで平らな台を作って高さを調整します。ボウルや丼を使って大きな茶碗蒸しにしても◎

厚焼き風卵

えび入りの生地はお寿司屋さん風の甘い味つけ。
焼かずに湯煎で作るのでしっとり仕上がります。

88℃ / 1時間

材料（12.5cm×7.5cm×高さ4cmの流し缶1個分）

卵	2個
卵黄	3個
A	
えびのむき身（粗みじん切り）	30g
だし汁	大さじ2
砂糖	大さじ2
煮切りみりん	大さじ1
煮切り酒	大さじ2
薄口醤油	小さじ2
塩	ひとつまみ

※流し缶ではなく耐熱容器などを使っても。その場合は底にオーブンシートを敷いておくと取り出しやすくなります。

作り方

1 卵液を作る

Aをミキサーにかけなめらかになるまで攪拌する。卵と卵黄を加え、泡立てないようにしながらさらにミキサーにかけ、目の細かいざるでこす。

2 低温調理

1を流し缶に入れ、上部をアルミホイルで覆う。卵液の高さまで湯に浸かるよう高さを調整し、88℃の湯に沈め1時間湯煎する。

3 盛りつける

粗熱がとれたら食べやすい大きさに切り分け、器に盛る。

第4章／野菜・豆・卵を低温調理

洋風温泉卵

オリーブオイルで洋風に。温度の調節が難しい温泉卵も、低温調理器なら袋を使わず浸けておくだけです。

 66℃　35分

材料（2人分）
- 卵 …………………………… 2個
- オリーブオイル ………… 小さじ1
- 塩 ………………………… ふたつまみ
- 胡椒 ……………………………… 少々
- チャービル …………………… 適宜

作り方

1 低温調理

卵を66℃の湯にそのまま沈めて35分ゆでる。

2 盛りつける

器に割り入れ、塩、胡椒をふる。オリーブオイルをたらし、好みでチャービルを添える。

カルボナーラ
スパゲッティ

火が入りすぎないようコントロールできるから失敗なし。
ソースは野菜やパンにもよく合います。

材料（2人分）

ベーコン	50g
バター	15g
A	
卵黄	3個
生クリーム	50mℓ
水	60mℓ
パルメザンチーズ（すりおろし）	大さじ3
塩	小さじ1/3
胡椒	適量
スパゲッティ	160g
粗挽き黒胡椒	適量

作り方

1 ベーコンを炒める
ベーコンは5mm角、長さ4cmに切る。フライパンにバターを熱し、香ばしくなるまで炒める。

2 低温調理
Aと1を混ぜ合わせ耐熱袋に入れ、空気を抜いて密閉する。88℃の湯に沈め15分湯煎し、途中で何度か袋の上からもんで混ぜる。

3 麺をゆでる
たっぷりの湯でスパゲッティを塩ゆでして軽く水けを切る。

4 盛りつける
2と3を絡め、器に盛る。好みでパルメザンチーズをかけ（分量外）、粗挽き黒胡椒をかける。

アレンジレシピ

ごぼうのカルボナーラソースがけ

ごぼう1本は5mm角の4cm長さの棒状に切り、水に10分さらしてアクを抜く。軽く塩、胡椒を加えたブイヨンでやわらかくなるまで10分ほどゆでる。途中で4cm長さの斜め切りにしたアスパラガスを加え3分ゆでる。水けをとって器に盛り、カルボナーラソースをかけて、黒胡椒を散らす。

第4章／野菜・豆・卵を低温調理

スクランブルエッグ

低温調理器を使えば、ホテルの朝食のような絶妙な火の通り具合のスクランブルエッグを再現できます。

88℃ / 15分

材料（2人分）

卵	4個
塩	2g
胡椒	少々
生クリーム	40mℓ
バター	15g
ケチャップ※	適量
チャービル	適量

※今回は発酵ケチャップ（P106参照）を使用

作り方

1 卵液を作る

ボウルに卵、塩、胡椒を入れて混ぜ、ざるでこす。生クリームとバターを加えて混ぜ合わせる。

2 低温調理

1を耐熱袋に入れ、空気を抜いて密閉する。88℃の湯に沈め15分湯煎し、途中で何度か袋の上からもんで混ぜる。

3 盛りつける

全体がとろりとしたら器に盛り、ケチャップをかけてチャービルを添える。

第5章

デザートを
低温調理

第 5 章 ／ デザートを低温調理

レンズ豆のぜんざい

小豆のぜんざいは長時間煮る必要がありますが、
レンズ豆を使えば短時間で作れます。

材料（作りやすい分量／白玉だんご20個分）

レンズ豆（乾燥）	100g
水	300mℓ
砂糖	100g
塩	ひとつまみ
A 白玉粉	100g
水	約80mℓ

作り方

1 低温調理

洗ったレンズ豆と水を耐熱袋に入れ、空気を抜いて密閉する。88℃の湯に沈め40分湯煎する。いったん袋を開けて砂糖、塩を加え、さらに5分湯煎する。

2 白玉だんごを作る

ボウルにAを入れて指先で混ぜ合わせる。耳たぶ程度のかたさになるよう、10mℓ程の水（分量外）を適宜加えながら混ぜ、20等分に丸めて真ん中を軽く潰す。湯を沸かし、上下を返しながら5分ほどゆでて水けをきる。

3 盛りつける

器に1を盛り、2の白玉をのせる。

いもようかん

低温調理器を使って蒸したさつまいもを裏ごしし、寒天で冷やし固めれば完成です。

材料（12.5cm×7cm×高さ4cmの流し缶1缶分）

- さつまいも……250g
- 水……大さじ2
- A
  - 粉寒天……5g
  - 水……100mℓ
- 砂糖……45g
- 塩……ひとつまみ

作り方

1 アク抜きする

さつまいもは皮をむいて1cm幅の輪切りにする。水（分量外）に10分ほどさらしてアクを抜き、水けをきる。

2 低温調理

1と水大さじ2を耐熱袋に入れ、空気を抜いて密閉する。88℃の湯に沈め50分湯煎する。

3 裏ごしする

2を裏ごしする。鍋にAを入れ混ぜながら火にかける。1分ほど煮溶かしたら、裏ごししたさつまいも、砂糖、塩を加えて混ぜ合わせ、火を止める。

4 冷やし固める

3を流し缶に入れ、空気を抜きながら表面を平らにする。冷水に浸けて粗熱をとり、ラップをして冷蔵庫で30分冷やし固める。

5 盛りつける

食べやすい大きさに切り分けて器に盛る。

第5章 / デザートを低温調理

発酵あんこ

砂糖不使用で小豆と麹を発酵させて作ります。
小豆本来の自然な甘みを楽しめます。

55℃　4時間

材料（作りやすい分量）

小豆（乾燥）※ ……………… 60g
米麹（生）……………………… 80g

※ゆで小豆を使ってもよい。
　その場合の分量は150g

作り方

1　下ゆでする

小豆を洗って鍋に入れ、かぶるくらいの水を加えて火にかける。沸騰したらアクを取り除いて水けをきる。再度、鍋に入れてかぶるくらいの水を注ぎ、蓋をして小豆がやわらかくなるまで弱火で40分ほど煮る。

2　低温調理

小豆、小豆のゆで汁80mℓ、米麹を耐熱袋に入れ、空気を抜いて密閉する。米麹がやわらかくなり甘みが出るまで55℃の湯に沈め4時間湯煎する。好みでブレンダーなどで潰してもよい。

カスタードプリン

なつかしさも感じる定番のおやつ。
なめらかなプリンにほろ苦いカラメルソースがよく合います。

材料（2人分）

溶き卵	60g
卵黄	1個
グラニュー糖	50g
バニラビーンズ（またはバニラオイル）	少々
牛乳	220ml
A グラニュー糖	50g
水	大さじ1
湯	大さじ2

作り方

1　プリン液を作る

ボウルに溶き卵、卵黄、グラニュー糖、バニラビーンズを入れ、泡だて器で卵のコシを切るように混ぜる。牛乳を加えて混ぜ合わせ、目の細かいざるでこす。

2　低温調理

1を密閉できる耐熱容器に入れる。77℃の湯に容器ごと沈めて40分湯煎し、冷水で冷やす。

3　カラメルを作る

鍋にAを入れて火にかける。カラメル色になったら火を止め、湯を加えてのばし、冷やす。

4　盛りつける

プリンに3のカラメルソースをかける。

中に水が入り込まないよう、容器は必ず完全に密閉できるものを使って。ない場合は、茶碗蒸し（P110）のように沈まないよう高さを調整して湯煎してください。

第5章 ／ デザートを低温調理

いちじくソース

キウイソース

桃ソース

第5章 ／ デザートを低温調理

フルーツソース3種

季節のフルーツを使ったソースは、ヨーグルトにかけたり、
トーストにつけたりと大活躍間違いなし。

いちじくソース

材料（作りやすい分量）

いちじく……………… 200g
A
　赤ワイン…………… 70mℓ
　グラニュー糖……… 40g
　黒胡椒……………… 少々

作り方

1 切る

いちじくは1cmの角切りにする。

2 赤ワインを煮詰める

鍋にAを入れて半量まで煮詰める。

3 低温調理

1と2を耐熱袋に入れ、空気を抜いて密閉する。88℃の湯に沈め30分湯煎し、冷水で袋ごと冷やす。

キウイソース

材料（作りやすい分量）

キウイ……………… 正味200g
グラニュー糖……… 40g
レモン汁…………… 10mℓ

作り方

1 切る

キウイは1cmの角切りにする。

2 低温調理

すべての材料を耐熱袋に入れ、空気を抜いて密閉する。88℃の湯に沈め30分湯煎し、冷水で袋ごと冷やす。

桃ソース

材料（作りやすい分量）

桃…………………… 正味200g
グラニュー糖……… 30g
レモン汁…………… 15mℓ
シナモンスティック… 1/2本

作り方

1 切る

桃は1cmの角切りにする。

2 低温調理

すべての材料を耐熱袋に入れ、空気を抜いて密閉する。88℃の湯に沈め30分湯煎し、冷水で袋ごと冷やす。

ヨーグルト

ヨーグルトメーカーがなくても、
低温調理器があれば容器ごと湯煎してヨーグルトが作れます。

材料（作りやすい分量）

牛乳………………… 500g
ヨーグルト………… 50g

作り方

1 混ぜる

牛乳とヨーグルトを混ぜ合わせる。

2 低温調理

1を容器に入れてラップをし、中身の高さまで湯に浸かるよう調整する（P110の茶碗蒸しを参考に）。44℃の湯に沈め3時間湯煎し、固まったら冷蔵庫、または冷水に浸けて冷やす。

マンディアン

仕上げるためのテンパリングも、低温調理器なら簡単です。

材料（作りやすい分量）

クーヴェルチュールチョコレート
（タブレットまたは砕いたもの）……80g
好みのドライフルーツ※1 ………… 適量
好みのナッツ※2 …………………… 適量
かぼちゃの種（素焼き）………… 適量

※1 今回はいちじく、オレンジピール、デーツ、プルーンを使用
※2 今回はアーモンド、カシューナッツ、くるみ（それぞれ素焼きのもの）を使用

作り方

1 低温調理

チョコレートを耐熱袋に入れて密閉し、50℃の湯に沈め15分ほど湯煎して溶かす。完全に溶けたら袋の上からもんで均一にし、30℃の湯に10分浸けて再度もんで混ぜる。

2 絞る

袋の端を切り、オーブンシートの上に直径3cmの円形になるよう絞り出す。

3 トッピングする

粗みじん切りにしたドライフルーツやナッツ、かぼちゃの種を、チョコレートが固まらないうちに手早くトッピングする。

4 固める

冷蔵庫に入れて冷やし固める。

チョコレートアイスクリーム

手作りのチョコアイスは濃厚でリッチな味わい。
アイスクリーム液を湯煎で加熱してとろみをつけます。

材料（4人分）

- 牛乳……………250mℓ
- 生クリーム………100mℓ
- チョコレート………40g
- 卵黄………………3個
- 砂糖………………50g
- ミックスナッツ（素焼き）、ミント……………各適量

作り方

1 アイスクリーム液を作る

鍋に牛乳と生クリームを入れて火にかけ、沸騰したら火を止める。砕いたチョコレートを加えて混ぜ、余熱でチョコレートが溶けたら卵黄と砂糖を加えてさらに混ぜる。

2 低温調理

1を耐熱袋に入れ、空気を抜いて密閉する。88℃の湯に沈め、とろりとするまで20分湯煎する。途中で何度か袋をゆすって混ぜる。氷水で袋ごと冷やす。

3 冷やし固める

袋を平らにして冷凍庫に入れ、冷やし固める。途中で何度か袋の上からもんで混ぜる（または、凍ったらフードプロセッサーでなめらかになるまで撹拌し、保存容器に入れて冷凍してもよい）。

4 盛りつける

器に盛り、砕いたミックスナッツ、ミントを飾る。

川上文代

料理研究家。大阪阿倍野辻調理師専門学校卒業後、同校職員として12年間勤務。フランス・リヨン校では初の女性講師となる。1996年東京・広尾に「デリス・ド・キュイエール／川上文代料理教室」を開設。テレビや雑誌などへの出演、商品開発など活躍中。『イチバン親切な料理の教科書』（新星出版社）シリーズなど著書多数。

撮影
福田諭

カバー・本文デザイン
西澤幸恵

調理アシスタント
星野裕子、神林琴美、須永由実子

スタイリング
amado

編集制作
大坪美輝、古里文香、矢作美和
（バブーン株式会社）

企画・編集
尾形和華（成美堂出版編集部）

低温調理器の絶品レシピ

著　者　川上文代（かわかみ ふみよ）
発行者　深見公子
発行所　成美堂出版
　　　　〒162-8445　東京都新宿区新小川町1-7
　　　　電話(03)5206-8151　FAX(03)5206-8159
印　刷　TOPPAN株式会社

©SEIBIDO SHUPPAN 2024　PRINTED IN JAPAN
ISBN978-4-415-33506-3
落丁・乱丁などの不良本はお取り替えします
定価はカバーに表示してあります

• 本書および本書の付属物を無断で複写、複製（コピー）、引用することは著作権法上での例外を除き禁じられています。また代行業者等の第三者に依頼してスキャンやデジタル化することは、たとえ個人や家庭内の利用であっても一切認められておりません。